도쿄대 수재들의
리얼 종이접기

MUZUKASHII KARA OMOSHIROI! TODAI ORIGAMI
ⓒ Orist, 2020
Originally published in Japan in 2020 by MAGAZINE HOUSE CO., LTD., TOKYO.
Korean translation rights arranged with MAGAZINE HOUSE CO., LTD., TOKYO,
through JAPAN UNI AGENCY INC., TOKYO and Imprima Korea Agency, Seoul.

이 책의 한국어판 저작권은 JAPAN UNI AGENCY INC.와 Imprima Korea Agency를 통해
MAGAZINE HOUSE CO., LTD.와의 독점계약으로 도서출판 더숲에 있습니다.
저작권법에 의해 한국 내에서 보호를 받는 저작물이므로 무단전재와 무단복제를 금합니다.

도쿄대 수재들의
리얼 종이접기

오리스트 지음 | 이진원 옮김 | 오경란 감수

에밀
E-MEAL

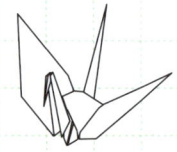

시작하기 전에

종이접기 세계에 오신 것을 환영합니다.
종이접기는 남녀노소는 물론 동서양 전 세계의 많은 사람이
매료된 종이조형의 한 분야입니다.

종이접기는 네모난 색종이만 있으면
어디에서나 즐길 수 있습니다.
그러나 이 책에서 소개하는 작품들을 보면
'정말 이것을 종이 한 장으로 만들었다고?'라며
많은 사람이 놀랄 것입니다.

'어떻게 접으면 이렇게 될까?' 하고
호기심이 생긴다면 어디를 어떻게 접었을지
시간이 허락하는 한 각 과정을 찬찬히 들여다보세요.

도쿄대학 종이접기 모임 오리스트(Orist)가
여러분을 심오한 종이접기의 세계로 안내합니다.
책 뒷부분에는 이 책에서 소개하는
'전개도 접기'를 체험할 수 있는 부록도 있습니다.
복잡하고 어려운 작품일수록 완성했을 때 맛보는
성취감은 더욱 클 것입니다.
자, 이제 마음껏 즐겨 볼까요?

감수자의 말

이 책은 도쿄대 종이접기 모임 오리스트 소속 작가들의 창작품들을 한 권에 모은 것이다. 종이접기를 다양한 방법으로 접근하고자 하는 독자들과, 전개도를 보면서 패턴 해석에 도전해 보고자 하는 애호가들에게 매우 반가운 소식이다.

종이접기는 일반적으로 작가의 도면(다이어그램)을 보면서 한 단계씩 접어 나가다 보면 작품이 완성된다. 몇 단계로 완성되는 간단한 작품부터 300단계가 넘는 복잡한 작품까지 다양하다. 또 크리스 패턴(crease pattern)이라고 불리는 전개도를 보면서 접는 방법이 있다. 전개도란 작품의 기본 구조를 나타내는 기준선들을 한 장의 종이에 그린 것인데, 무척 간단해 보이는 작품이라도 처음 본 독자라면 전개도만 보면서 작품을 접기가 쉽지 않을 것이다.

전개도 대부분은 한 작품의 모든 기준선이 그려져 있지 않고 작품의 기본 구조만 그려져 있다. 그래서 전개도를 보고 먼저 작품의 골격을 접은 뒤 완성된 작품을 다양한 각도에서 살펴보거나 작품 사진을 보면서 세부적인 부분을 접어 마무리해야 한다. 이 과정에서 자신만의 창의적인 방법으로 다양한 작품을 탄생시킬 수 있다.

이 책에는 접기도면을 보고 접어 나가는 작품뿐만 아니라 많은 기준선이 그려져 있는 전개도만 제시한 작품이 수록되어 있다. 전개도만 제시된 작품을 접으려면 우선 전개도를 해석해야 하는데, 이때 필요한 논리적·수학적 이론도 소개되어 있다. 종이접기 이론이 담긴 도서가 국내에는 드문 상황이라 전개도 해석을 하고자 하거나 더 나아가 종이접기 창작을 꿈꾸는 마니아들에게 이 책은 큰 도움이 될 것이다.

접는 방법의 이해를 돕기 위해 Part 2에 있는 〈종이접기를 마스터하자! 작품이 되기까지〉를 정독하면 작품의 완성도를 높일 수 있을 것이다. 작품에 따라 전개도를 확대·복사하여 머리, 날개, 발 등 각 부분을 따로따로 연습하거나 전개도의 중앙에서 밖으로 또는 가장자리에서 안으로 접는 등 다양한 방법을 시도해 보기 바란다. 만족할 만한 작품을 얻기 위해서는 많은 시간과 노력이 필요하다. Part 3에 실린 작품은 전개도와 도면을 보며 접는 방법이 합쳐져 있다. 이 두 가지 접기 방법으로 많이 접어 보고 연습하여 멋진 작품을 만들어 보기 바란다.

오경환

차례

시작하기 전에 … 4
감수자의 말 … 5

PART 1
종이 한 장으로 무엇을 할 수 있을까?

[평면적인 동물] 고양이 … 10 / 코끼리 … 11
[입체적인 동물] 버펄로 … 12 / 악어 … 13
[사실적인 새 : 각도계] 닭 … 14
[사실적인 새 : 주름계] 두루미 … 16
[점대칭] 별 … 18 / 장미 … 19
[색다른 소재] 팔각 쌍곡포물면을 품은 정육면체 … 20 / 손목시계 … 21 / 도복 … 22 / 목숨 수 … 23
[비행기] 전투기 1 … 24 / 전투기 2 … 25
[고대 생물] 모사사우루스 … 26 / 브라키오사우루스 … 27
[드래건] 백룡 … 28 / 마룡 … 29
[상상 속 동물] 요괴 … 30 / 신화 속 용 … 31
[천사] 전령 … 32 / 대천사 우리엘 … 33
[갯가재] 광대사마귀새우 … 34
[실용] 학 책갈피 … 36

PART 2
종이접기의 기본을 이해한다

[Chapter 1] 종이접기에 도전하기 전에! 종이접기 기본 용어 … 38
[Chapter 2] 종이접기를 마스터하자! 작품이 되기까지 … 40
  Step 0 전개도 해석하기 … 41
  Step 1 기준선 만들기 … 42
  Step 2 접기 … 43
  Step 3 마무리 … 44
  ▶ 좀 더 자세하게! Step 3 … 45
[Chapter 3] 종이접기 구조를 한눈에 알 수 있다! 전개도란 … 49
  ■ 종이접기의 절대 규칙에 주목! 마에카와 정리 · 가와사키 정리 … 53
[Chapter 4] 사고력을 키운다! 접는 방법의 응용 … 54
  ■ 도형에 강해진다! n등분과 닮은꼴 … 57
  ■ 세계 공통! 종이접기 규칙 … 58

PART 3
고난이도 종이접기에 도전

[종이접기 IQ 035] 학 책갈피 … 62
[종이접기 IQ 040] 코끼리 … 65
[종이접기 IQ 045] 전투기 1 … 68
[종이접기 IQ 050] 별 … 71
[종이접기 IQ 055] 고양이 … 74
[종이접기 IQ 060] 장미 … 77
[종이접기 IQ 070] 마롱 … 80
[종이접기 IQ 075] 목숨 수 … 87
[종이접기 IQ 080] 버펄로 … 92
[종이접기 IQ 085] 모사사우루스 … 99
[종이접기 IQ 120] 광대사마귀새우 … 105

★ 종이접기 IQ는 난이도와 미적 완성도를 종합한 수치다.

부록
전개도 접기

별 … 117
장미 … 119
목숨 수 … 121
모사사우루스 … 123
전투기 2 … 125

• 본문 중 * 표시는 옮긴이 주이다.

종이 한 장으로
무엇을 할 수 있을까?

네모난 종이에 나 있는 기준선에는 다양한 힌트가 숨겨져 있다.
그 기준선만 이용해 작품을 완성하는 사람도 있다.
기준선에 새겨진 암호를 풀고 도전해 보자!

★ PART 1에서 소개하는 전개도의 기준선은 겉면에서 보았을 때 파란 선(———)이 골짜기접기,
빨간 선(———)이 산접기이다.

평면적인 동물

고양이
Cat

창작 ▶ 가쓰카와 히가시

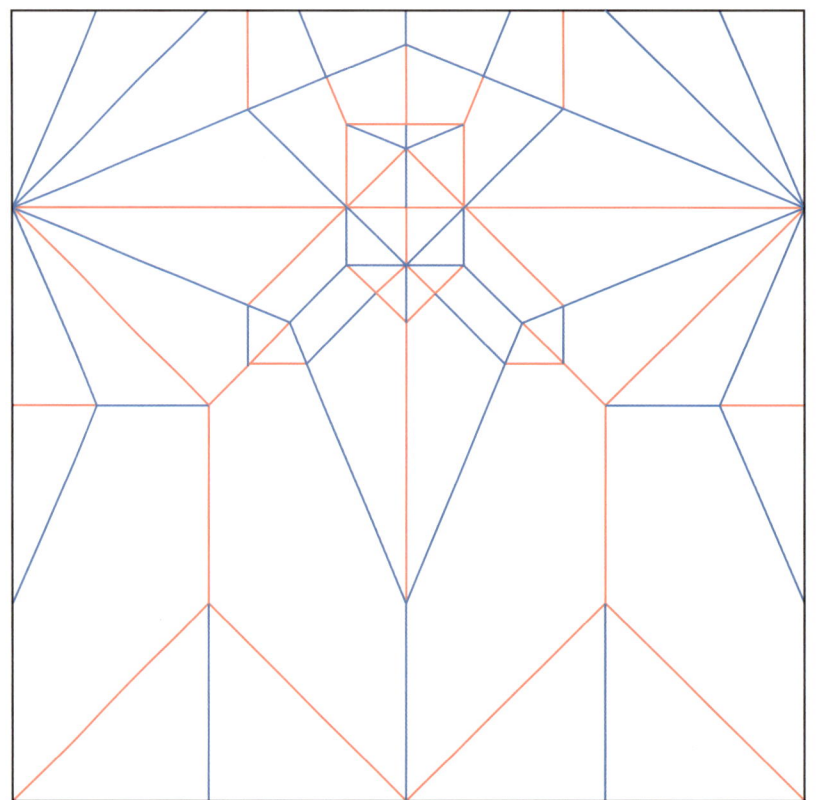

접는 방법은
74쪽

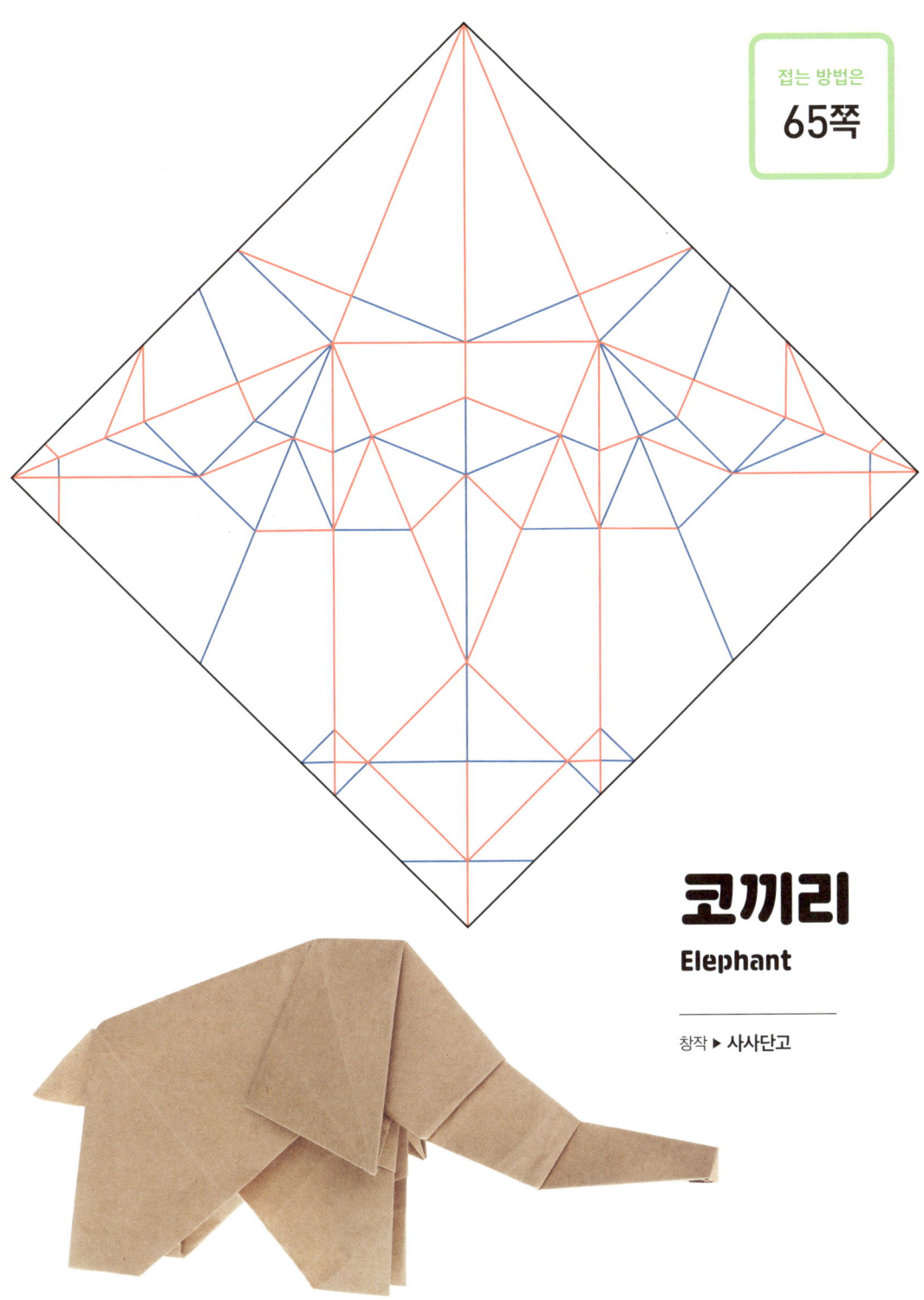

접는 방법은 **65쪽**

코끼리
Elephant

창작 ▶ 사사단고

입체적인 동물

버펄로
Buffalo

창작 ▶ 에노모토 마사요시

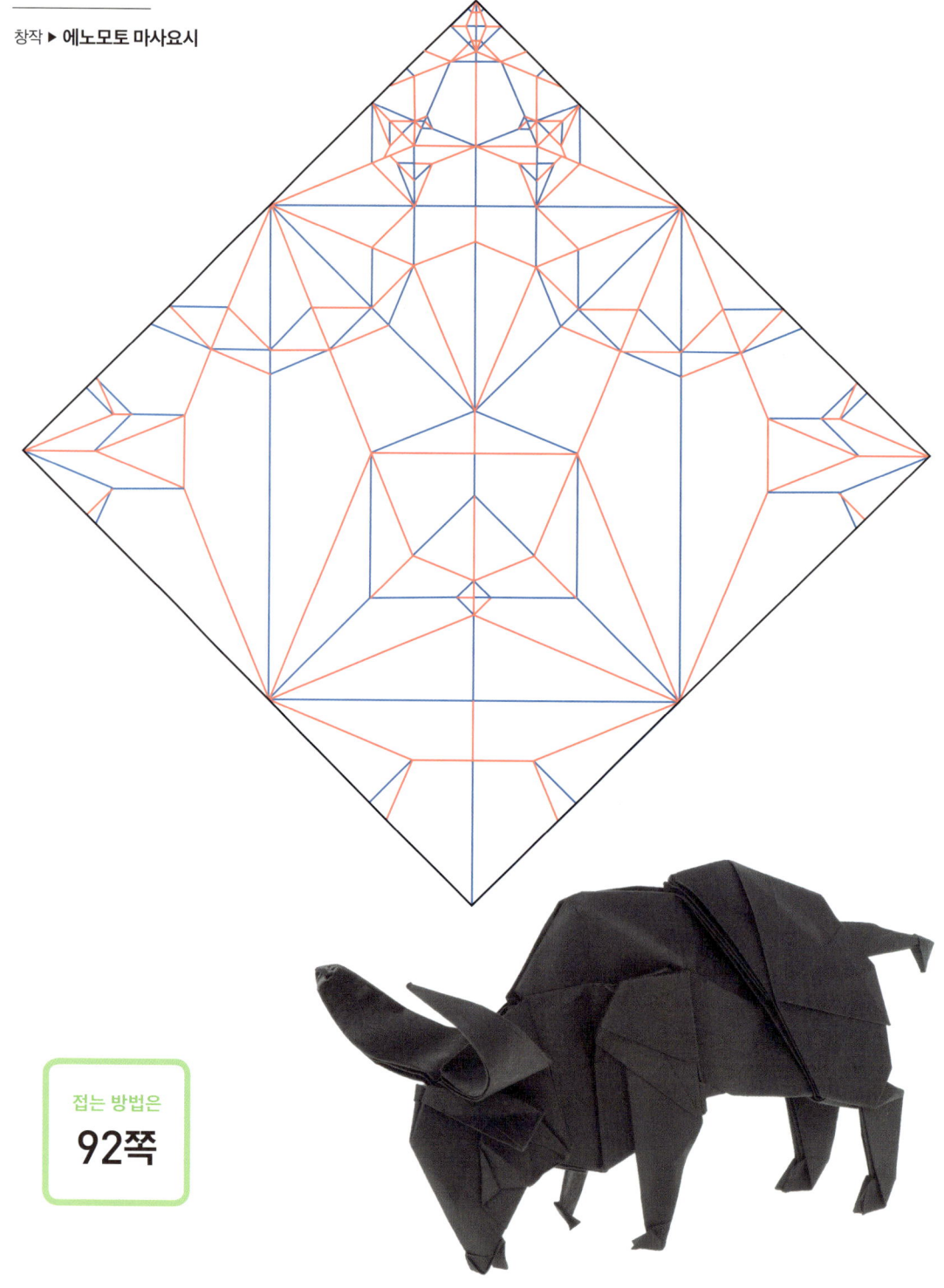

접는 방법은
92쪽

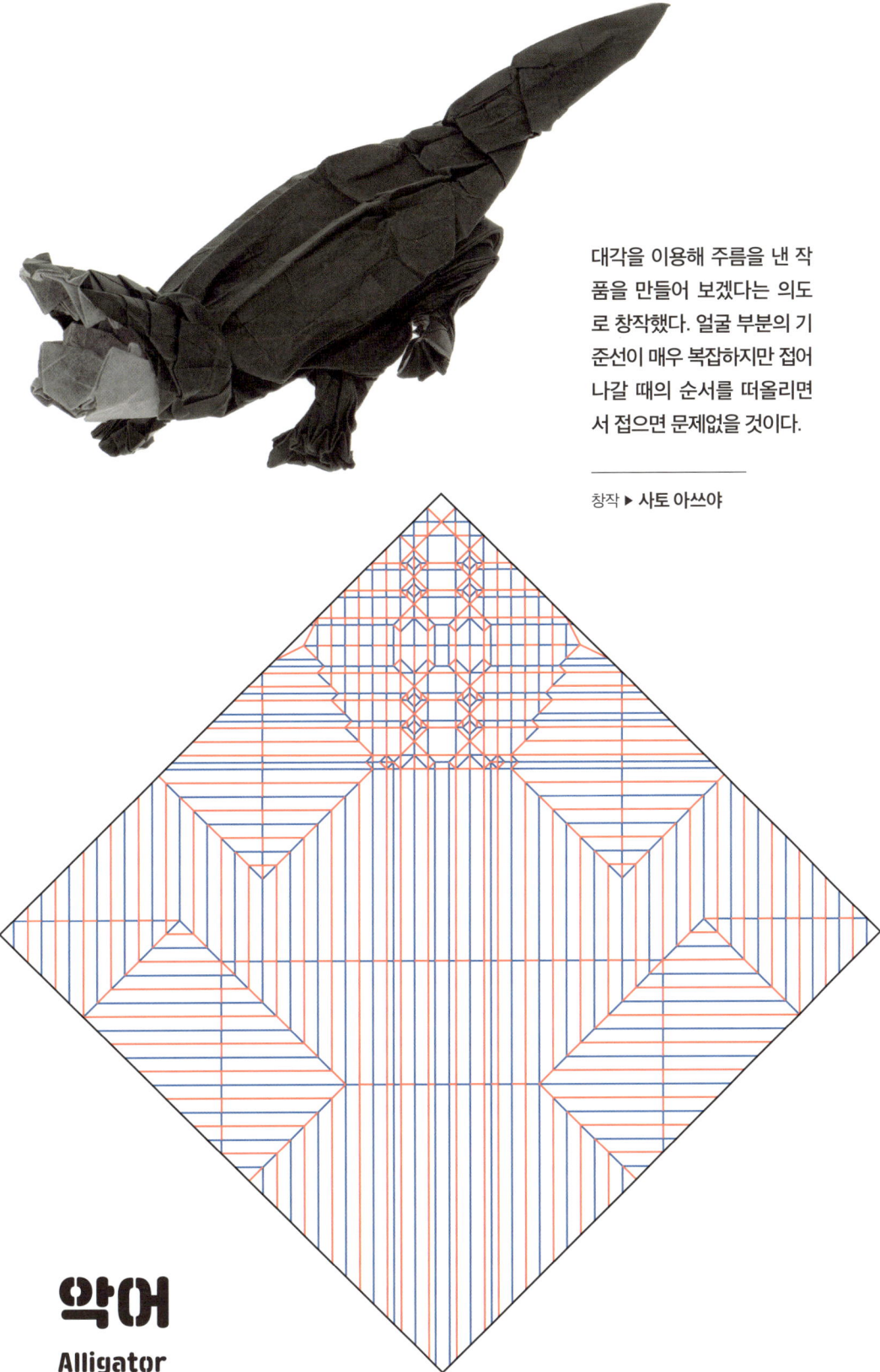

대각을 이용해 주름을 낸 작품을 만들어 보겠다는 의도로 창작했다. 얼굴 부분의 기준선이 매우 복잡하지만 접어 나갈 때의 순서를 떠올리면서 접으면 문제없을 것이다.

창작 ▶ **사토 아쓰야**

악어
Alligator

사실적인 새 : 각도계

닭
Chicken

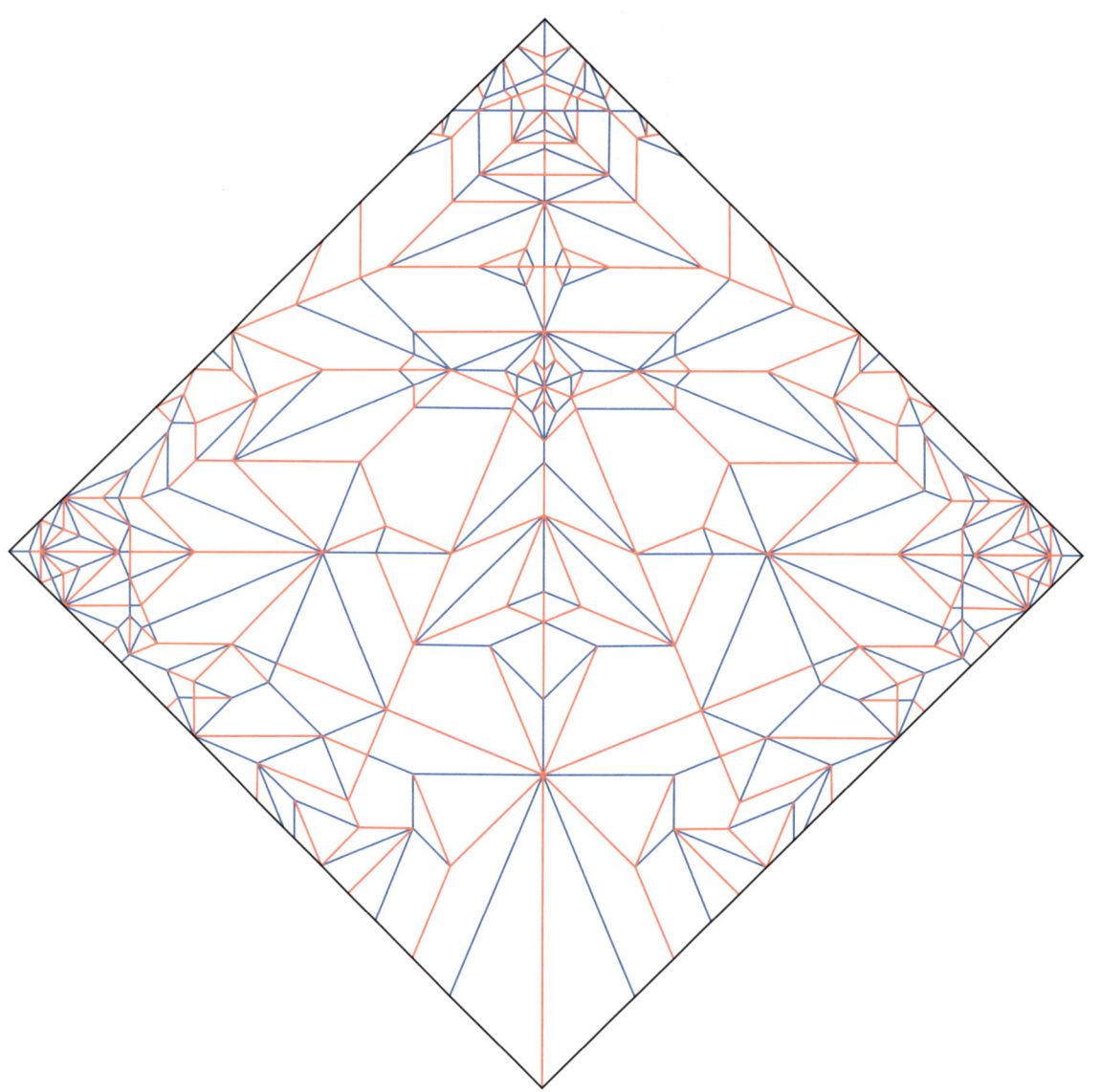

전체적인 구조를 각도계(22.5도) 방법으로 통일하고 인사이드 아웃에 도전한 꽤 재미있는 전개도다. 볏과 부리 그리고 발끝 부분은 가늘게 접어야 하기 때문에 큰 종이 또는 얇은 종이를 사용하는 것이 좋다.

창작 ▶ 우에조노 다이치

사실적인 새 : 주름계

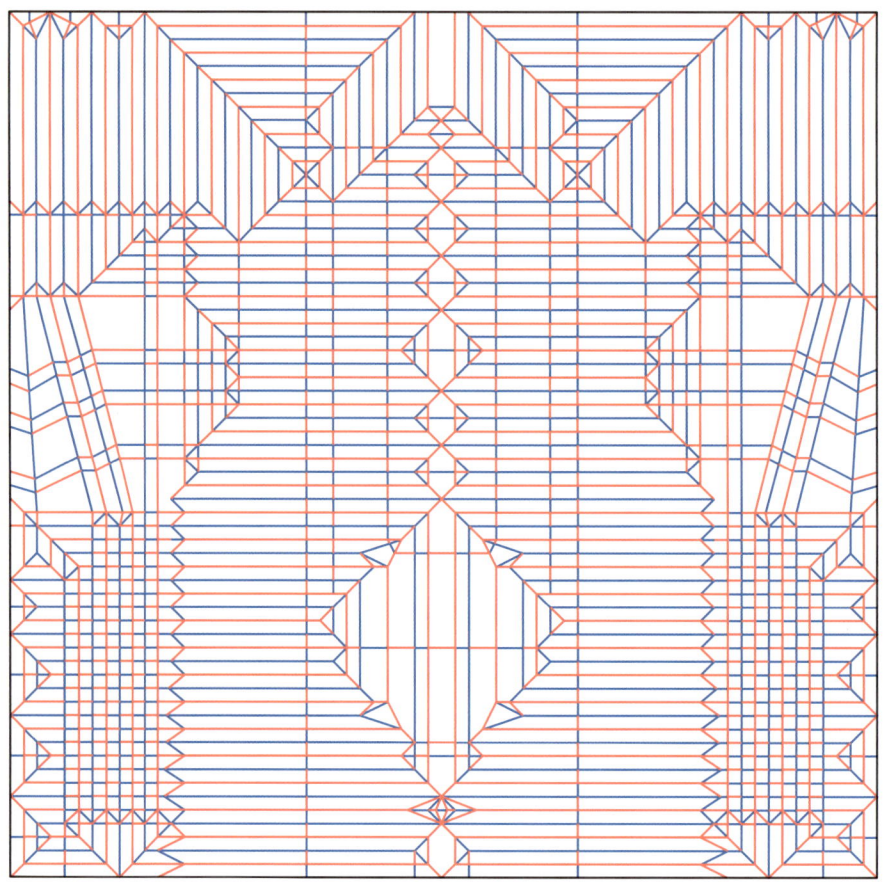

두루미
Red-Crowned Crane

64등분 주름접기를 하고 인사이드 아웃을 곳곳에 이용했다. '풍성한 날개'에 중점을 두어 가능한 한 종이의 많은 부분을 날개에 할애했다. 접는 도중에 종이의 좌우 중앙 부분에 있는 사선은 평면에서는 잘 접히지 않지만, 주름을 겹치지 않게 접고 날개를 마무리할 때 세심하게 다듬는다.

창작 ▶ 마시코 료스케

종이 한 장으로 무엇을 할 수 있을까?

017

점대칭

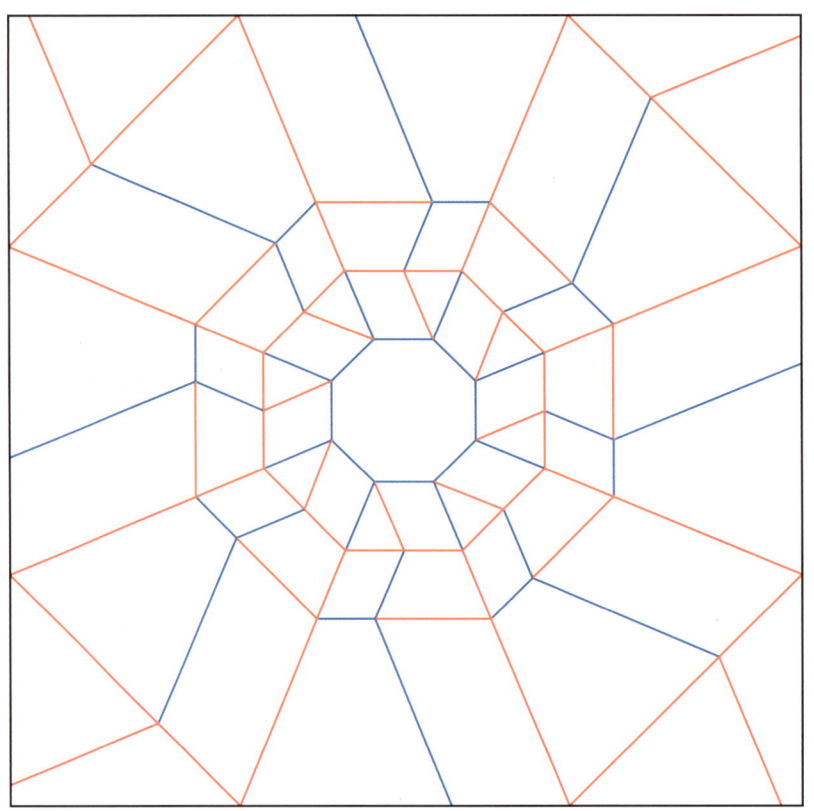

별
Star

창작 ▶ 이하라 아오이

접는 방법은
71쪽

부록 [전개도 접기]

장미
Rose

창작 ▶ 사토 아쓰야

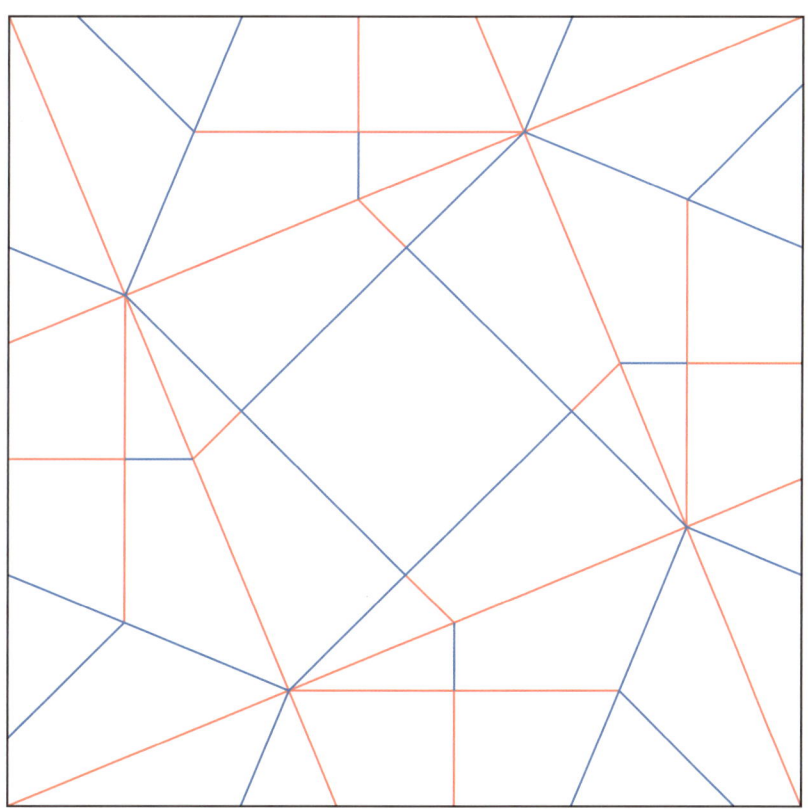

접는 방법은
77쪽

부록 [전개도 접기]

> 색다른 소재

팔각 쌍곡포물면을 품은 정육면체
Octagonal Hyperbolic Paraboloid in a Cube

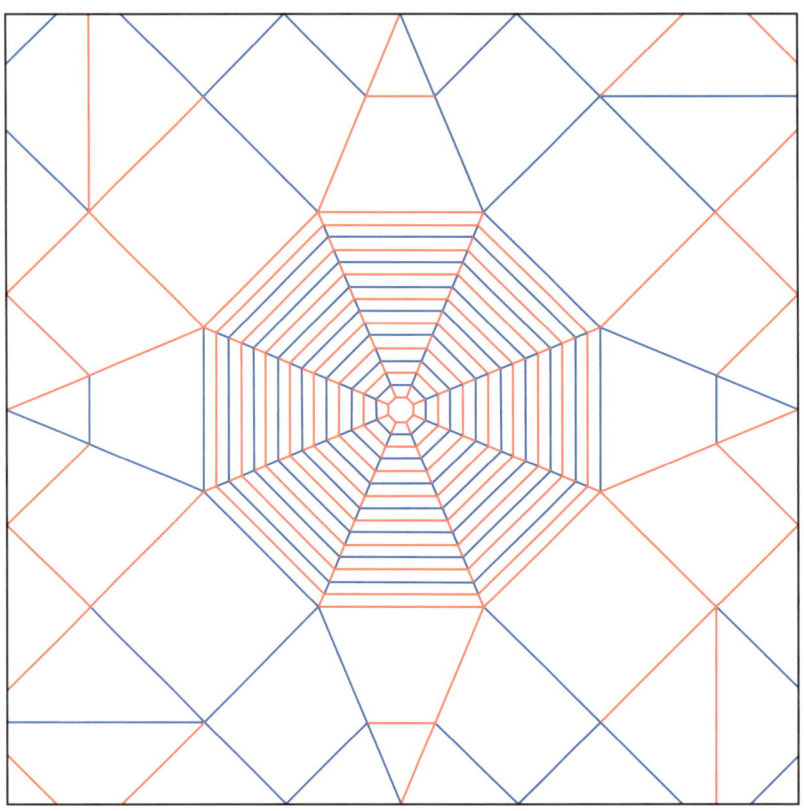

전개도를 접어도 평평하게 되지 않는다. 사진에서는 내부의 곡면을 볼 수 있는데, 완전히 닫을 수도 있다. 중앙의 구조를 촘촘하게 접을수록 곡면이 아름다워진다.

창작 ▶ 이하라 아오이

종이 앞뒤의 색이 다른 점을 이용한 작품이다. 바늘의 방향은 원하는 시간에 맞출 수 있다. 20cm 정도 크기의 종이로 접으면 손목에 두를 수 있는 길이가 된다.

창작 ▶ 이하라 아오이

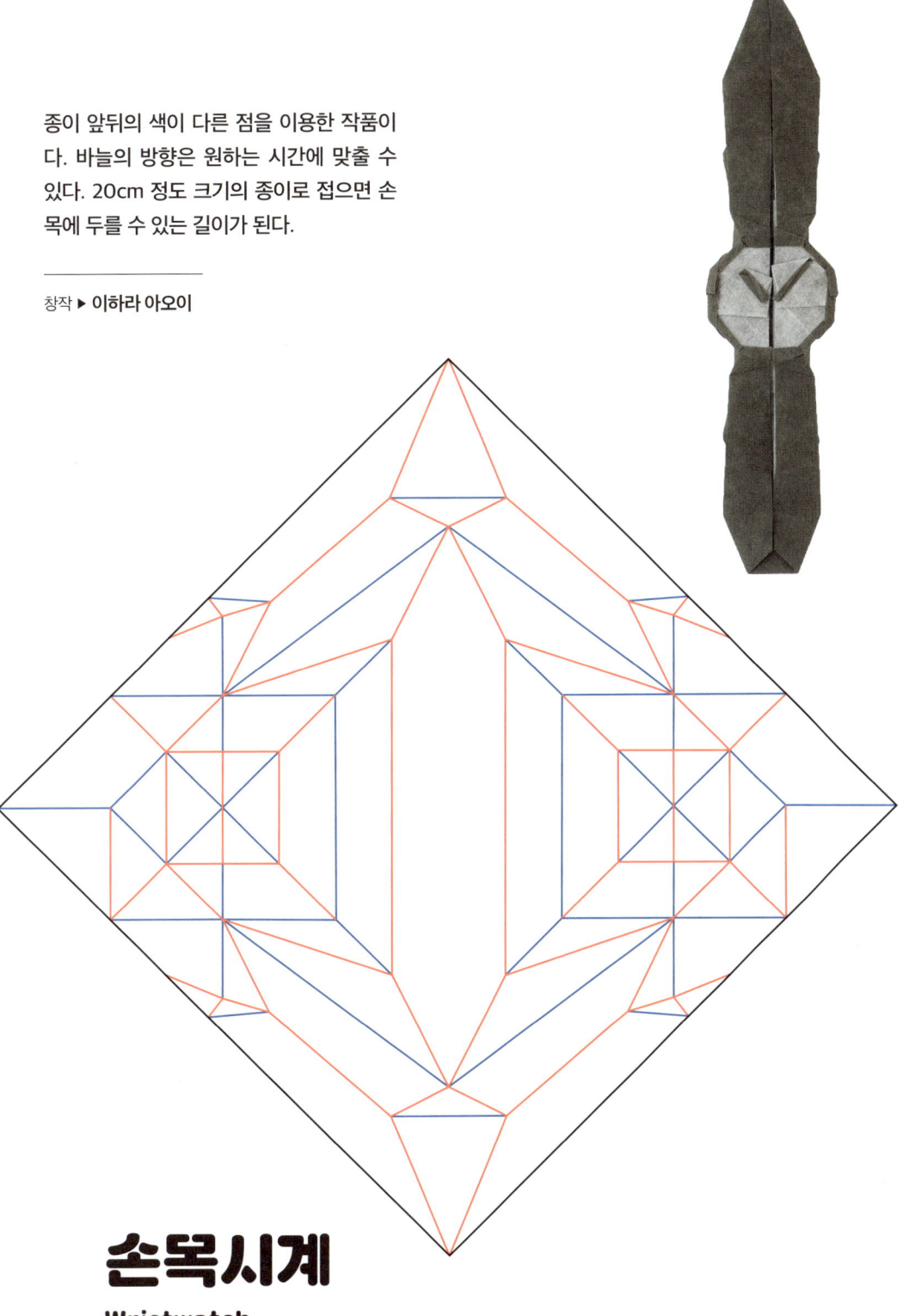

손목시계
Wristwatch

색다른 소재

띠를 깔끔하게 묶으려면 매우 얇은 종이와 띠를 매본 경험이 필요하다. 이 도복은 접는 방법에 따라서는 띠와 하의의 색을 다르게 할 수 있다.

창작 ▶ 가쓰카와 히가시

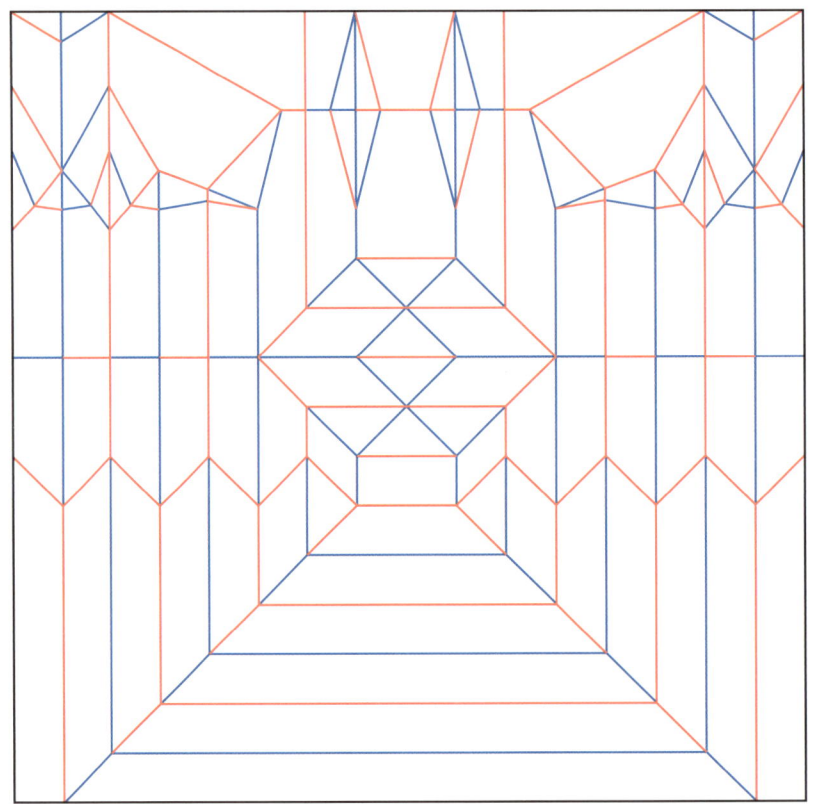

도복
Uniform

목숨 수

寿*

창작 ▶ 요코마에 슌야

*壽의 일본 한자.

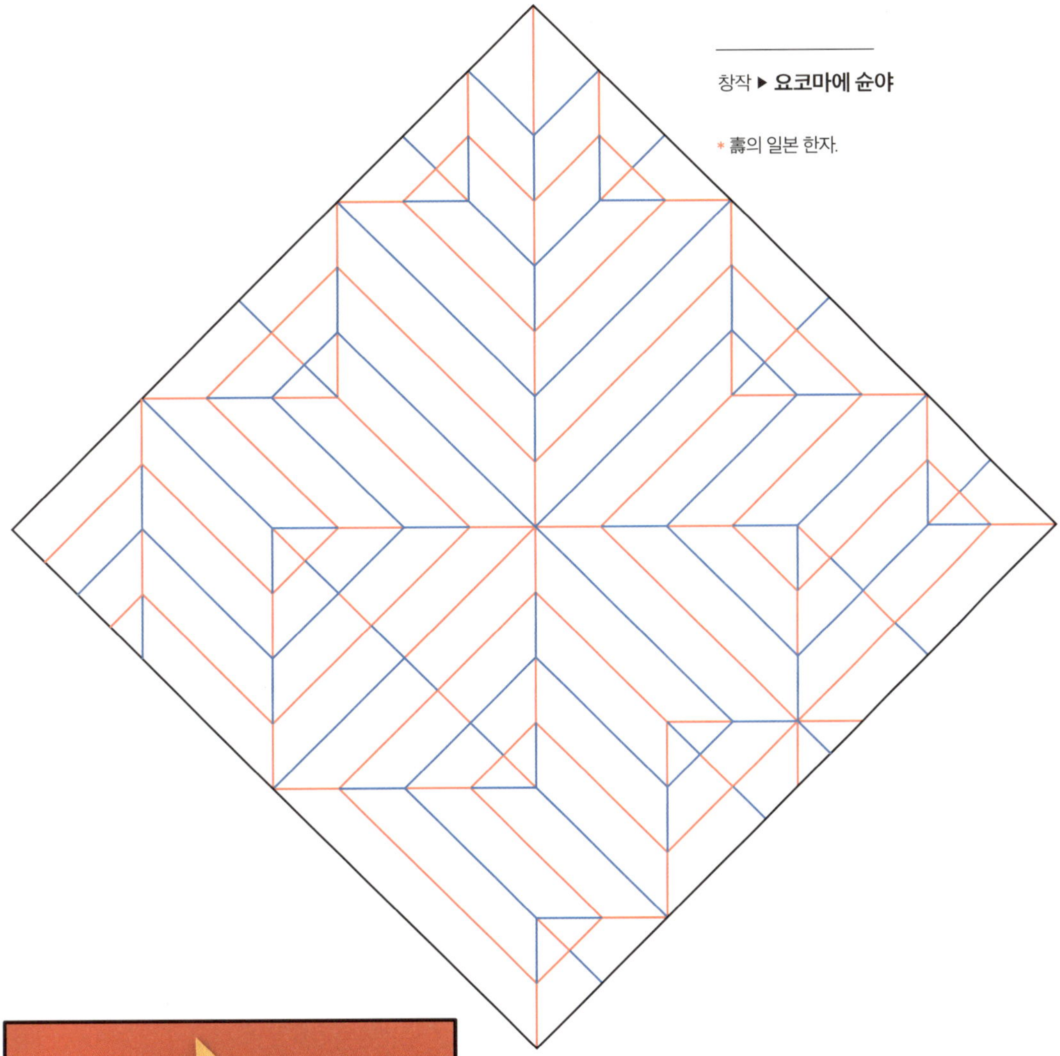

접는 방법은
87쪽

종이 한 장으로 무엇을 할 수 있을까?

비행기

전투기 1
Fighter

창작 ▶ 사사단고

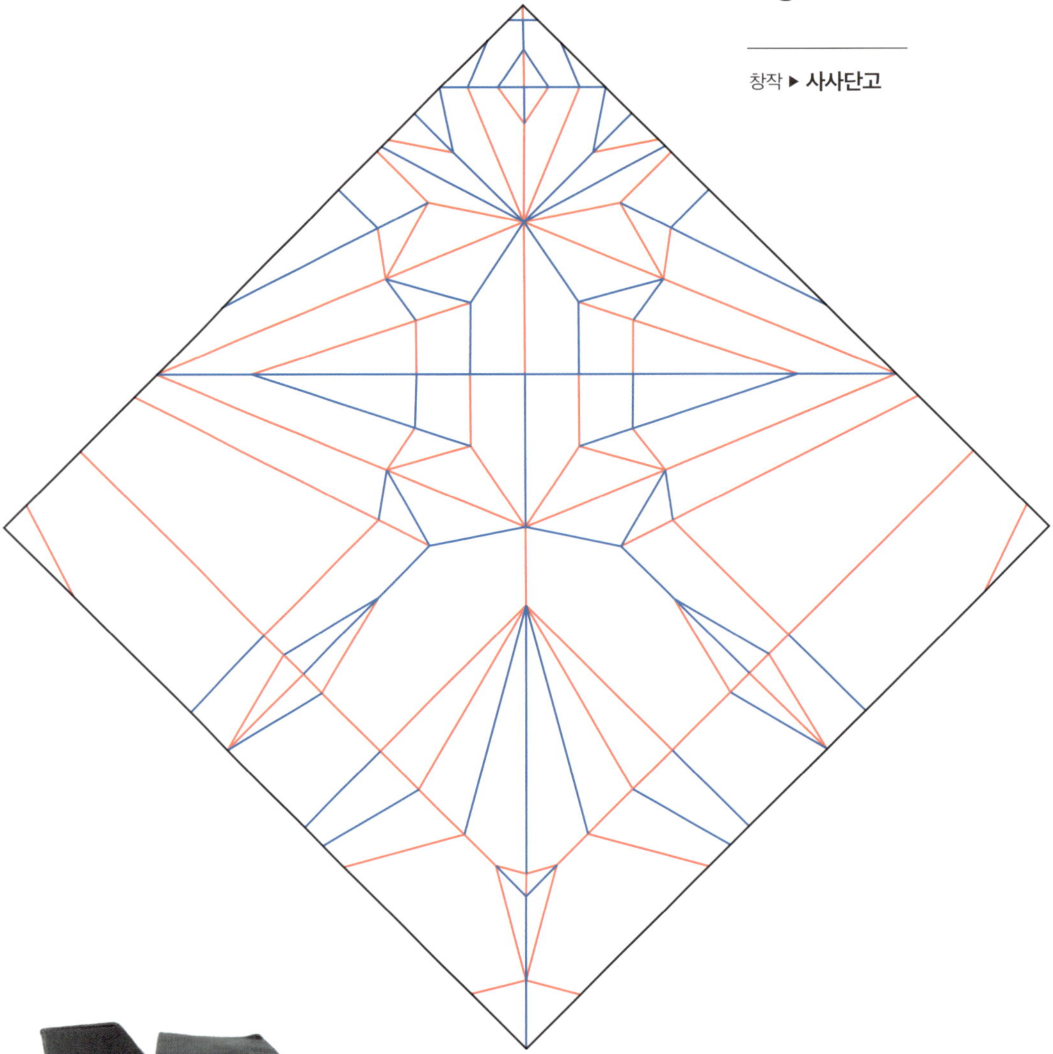

접는 방법은
68쪽

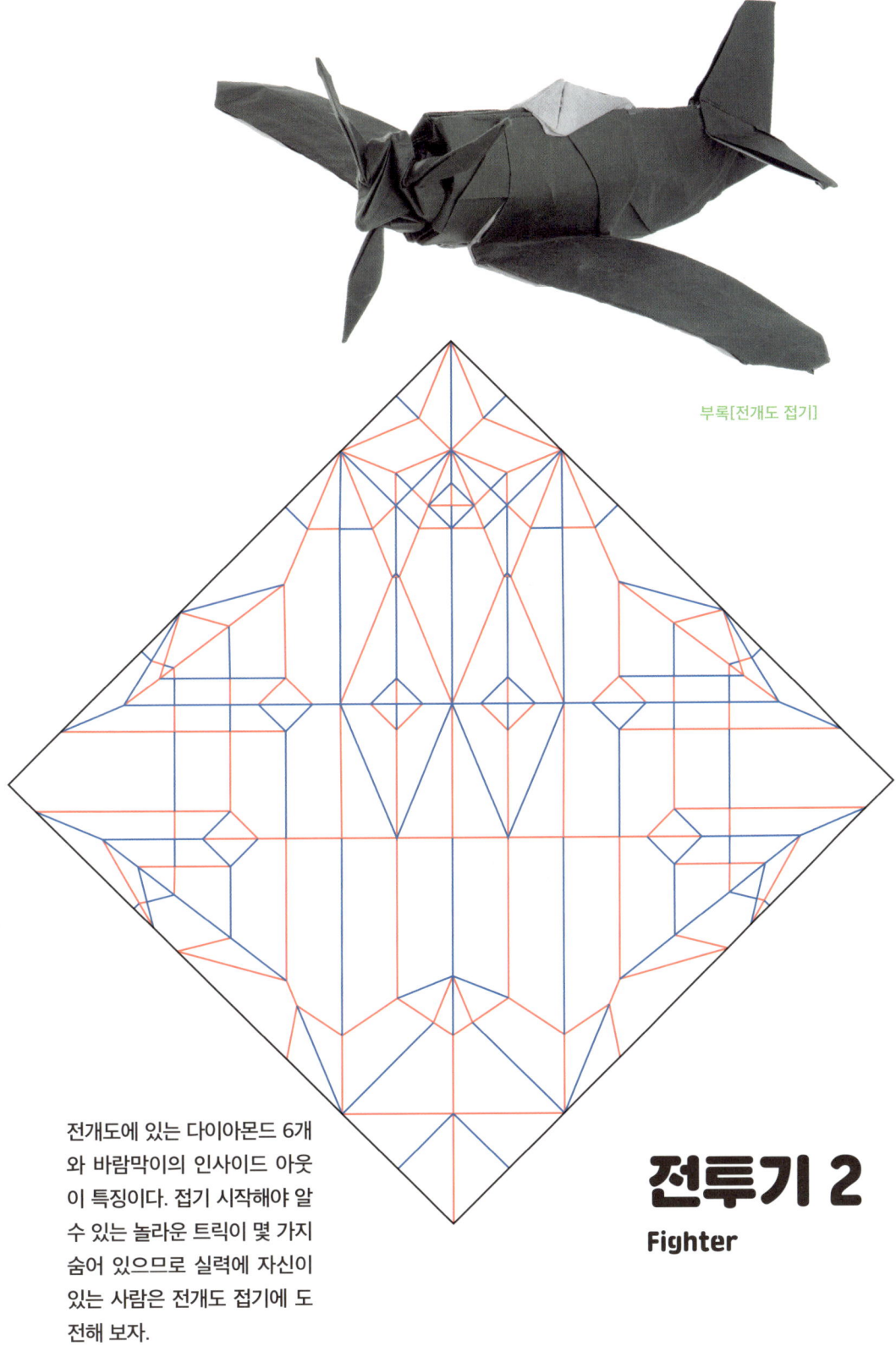

부록[전개도 접기]

전투기 2
Fighter

전개도에 있는 다이아몬드 6개와 바람막이의 인사이드 아웃이 특징이다. 접기 시작해야 알 수 있는 놀라운 트릭이 몇 가지 숨어 있으므로 실력에 자신이 있는 사람은 전개도 접기에 도전해 보자.

창작 ▶ **사사단고**

고대 생물

모사우루스
Mosasaurus

창작 ▶ 우에조노 다이치

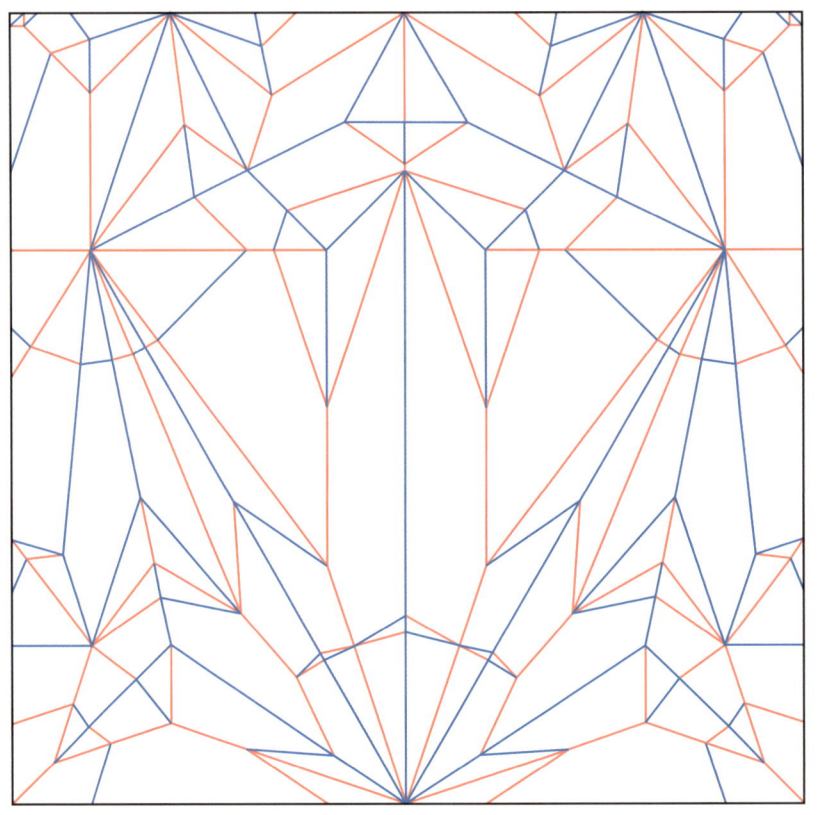

접는 방법은
99쪽

부록 [전개도 접기]

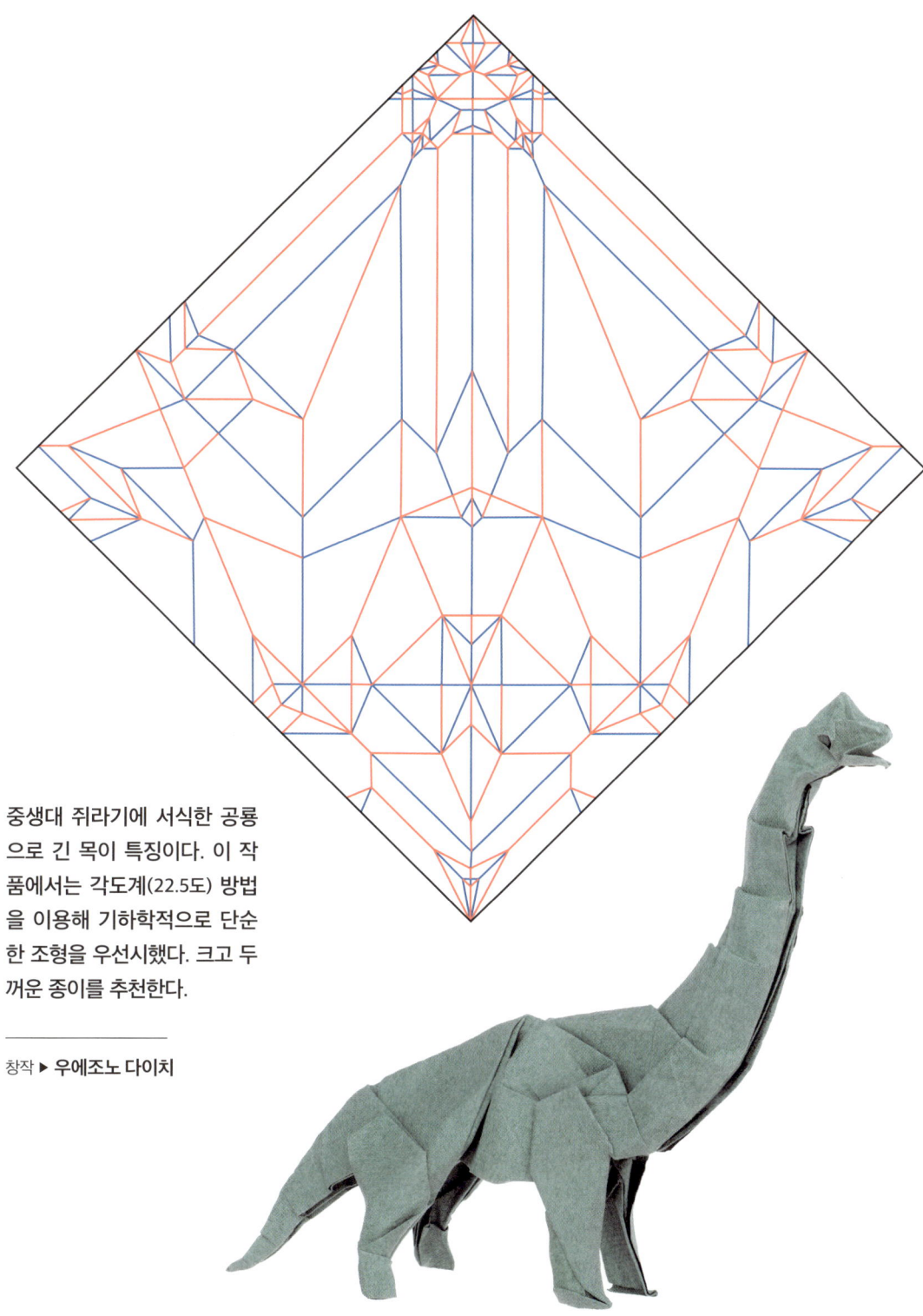

중생대 쥐라기에 서식한 공룡으로 긴 목이 특징이다. 이 작품에서는 각도계(22.5도) 방법을 이용해 기하학적으로 단순한 조형을 우선시했다. 크고 두꺼운 종이를 추천한다.

창작 ▶ 우에조노 다이치

브라키오사우루스
Brachiosaurus

드래건

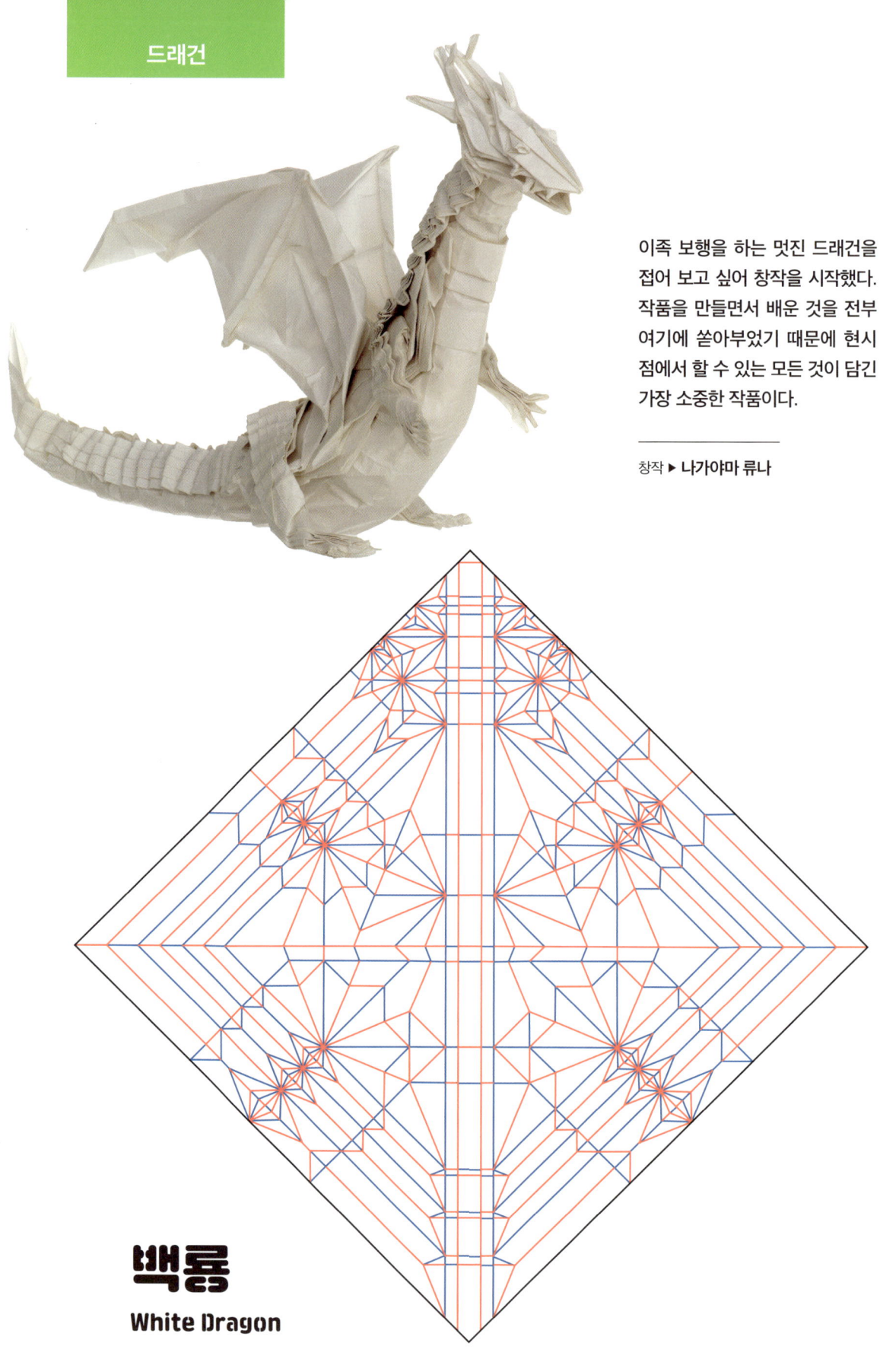

이족 보행을 하는 멋진 드래건을 접어 보고 싶어 창작을 시작했다. 작품을 만들면서 배운 것을 전부 여기에 쏟아부었기 때문에 현시점에서 할 수 있는 모든 것이 담긴 가장 소중한 작품이다.

창작 ▶ **나가야마 류나**

백룡
White Dragon

마룡
Demonic Dragon

창작 ▶ 나가야마 류나

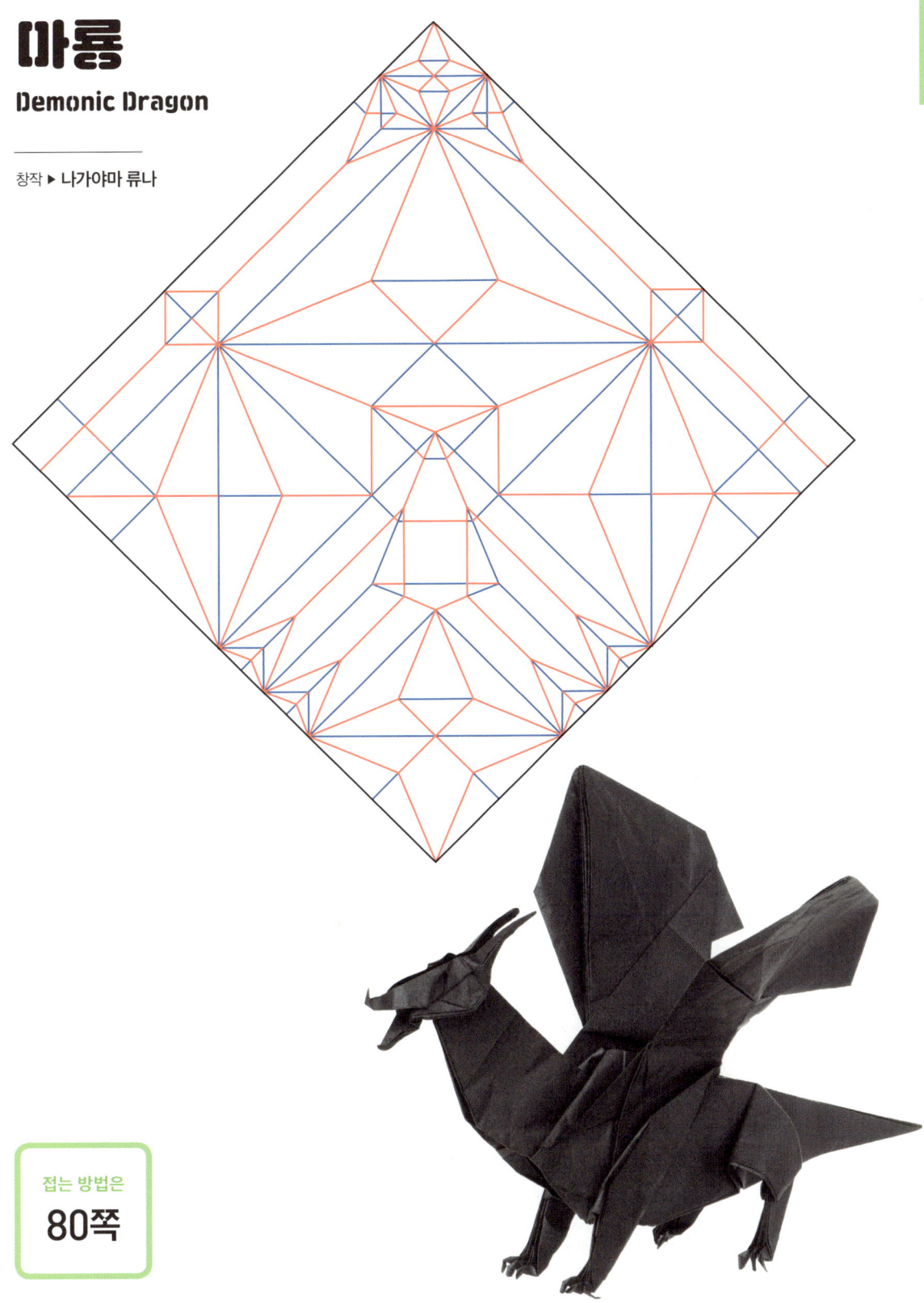

접는 방법은
80쪽

상상 속 동물

요괴*
Nue

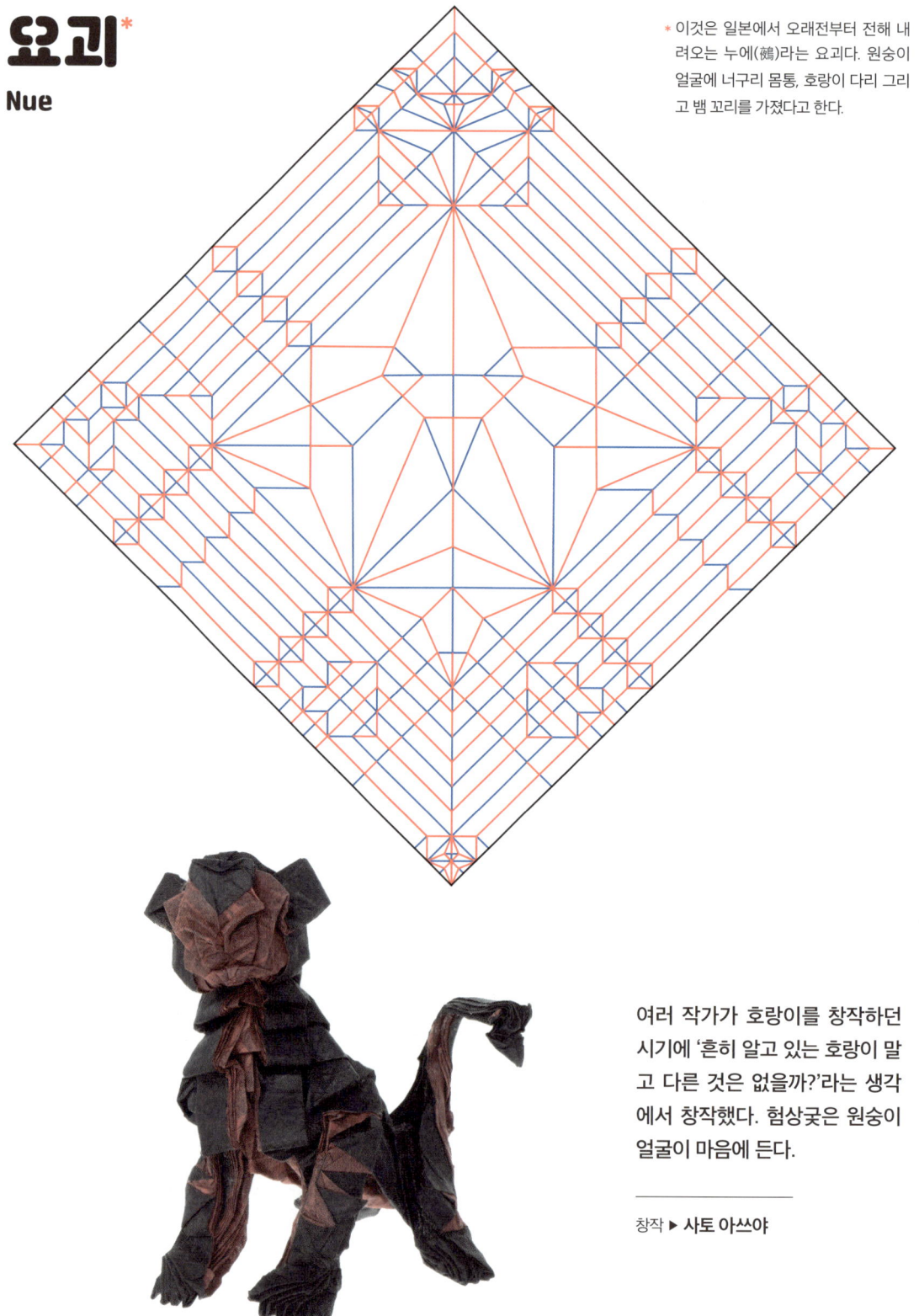

* 이것은 일본에서 오래전부터 전해 내려오는 누에(鵺)라는 요괴다. 원숭이 얼굴에 너구리 몸통, 호랑이 다리 그리고 뱀 꼬리를 가졌다고 한다.

여러 작가가 호랑이를 창작하던 시기에 '흔히 알고 있는 호랑이 말고 다른 것은 없을까?'라는 생각에서 창작했다. 험상궂은 원숭이 얼굴이 마음에 든다.

창작 ▶ **사토 아쓰야**

종이 가장자리 쪽에서 머리 여덟 개와 꼬리 여덟 개를 만들고 중앙의 모서리를 꼬리 쪽으로 가져가 마무리한다. 전개도가 단순하므로 접기 연습에 도움이 될 것이다. 큰 종이와 접을 장소를 마련하는 것이 가장 어려운 일이지 않을까?

창작 ▶ **사토 아쓰야**

신화 속 용*
Yamata no Orochi

* 이 용은 일본 신화에 등장하는 야마타 노오로치(八岐大蛇)라는 것으로 머리와 꼬리가 각각 여덟 개다. 골짜기 여덟 개와 봉우리 여덟 개를 덮을 정도로 거대하다고 한다.

천사

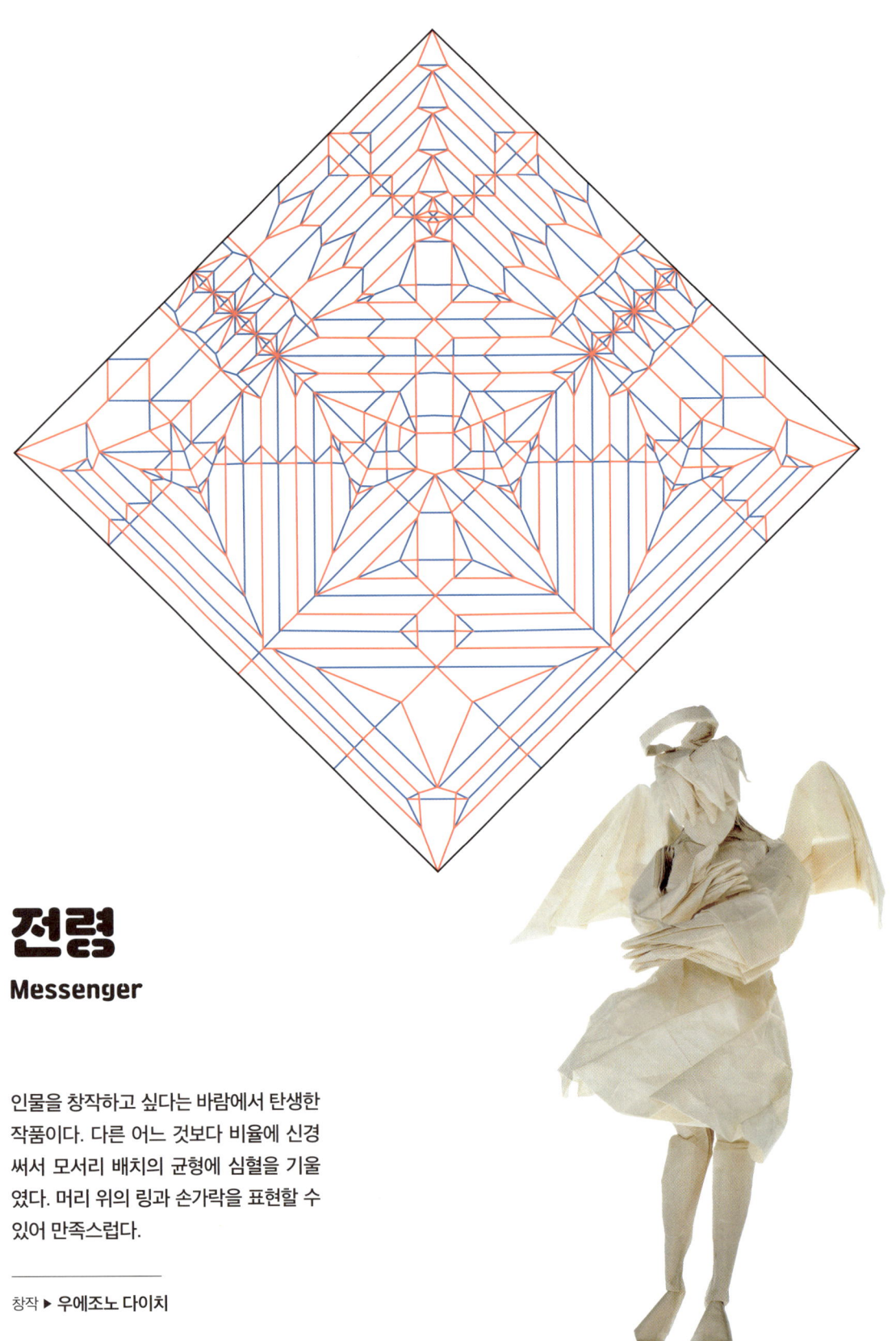

전령
Messenger

인물을 창작하고 싶다는 바람에서 탄생한 작품이다. 다른 어느 것보다 비율에 신경 써서 모서리 배치의 균형에 심혈을 기울였다. 머리 위의 링과 손가락을 표현할 수 있어 만족스럽다.

창작 ▶ **우에조노 다이치**

대천사 우리엘
Uriel

멋진 인물상을 가능한 한 쉽게 접고 싶은 생각에서 창작했다. 종이를 겹친 층이 마치 헝겊이나 머리카락, 날개처럼 보이는 점이 종이에서 작품으로 진화하고 있다고 느껴져 뿌듯하다.

창작 ▶ 나가야마 류나

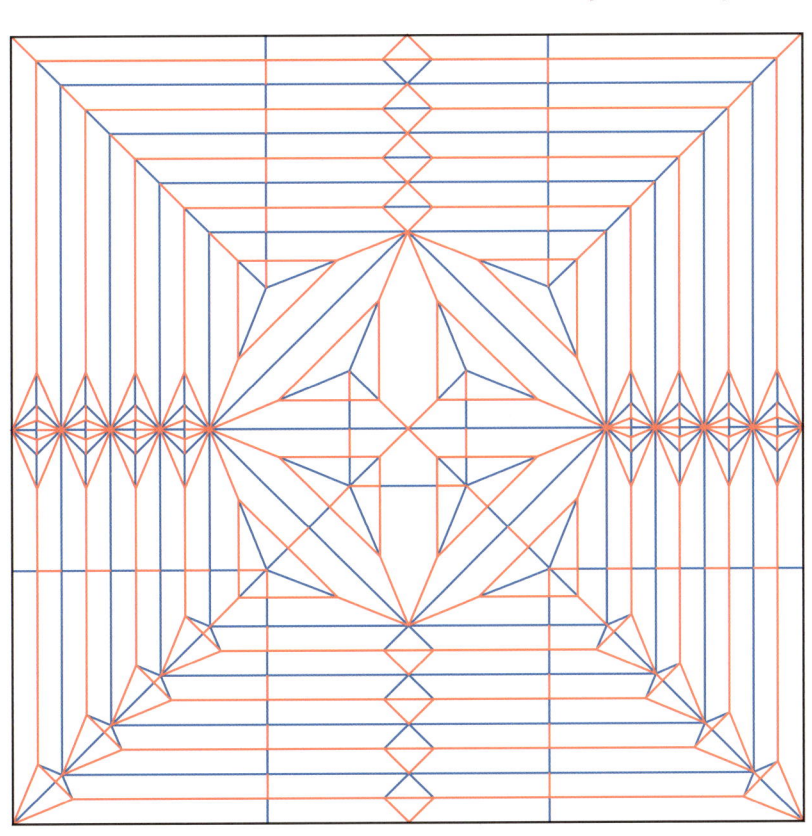

갯가재

광대사마귀새우
Peacock Mantis Shrimp

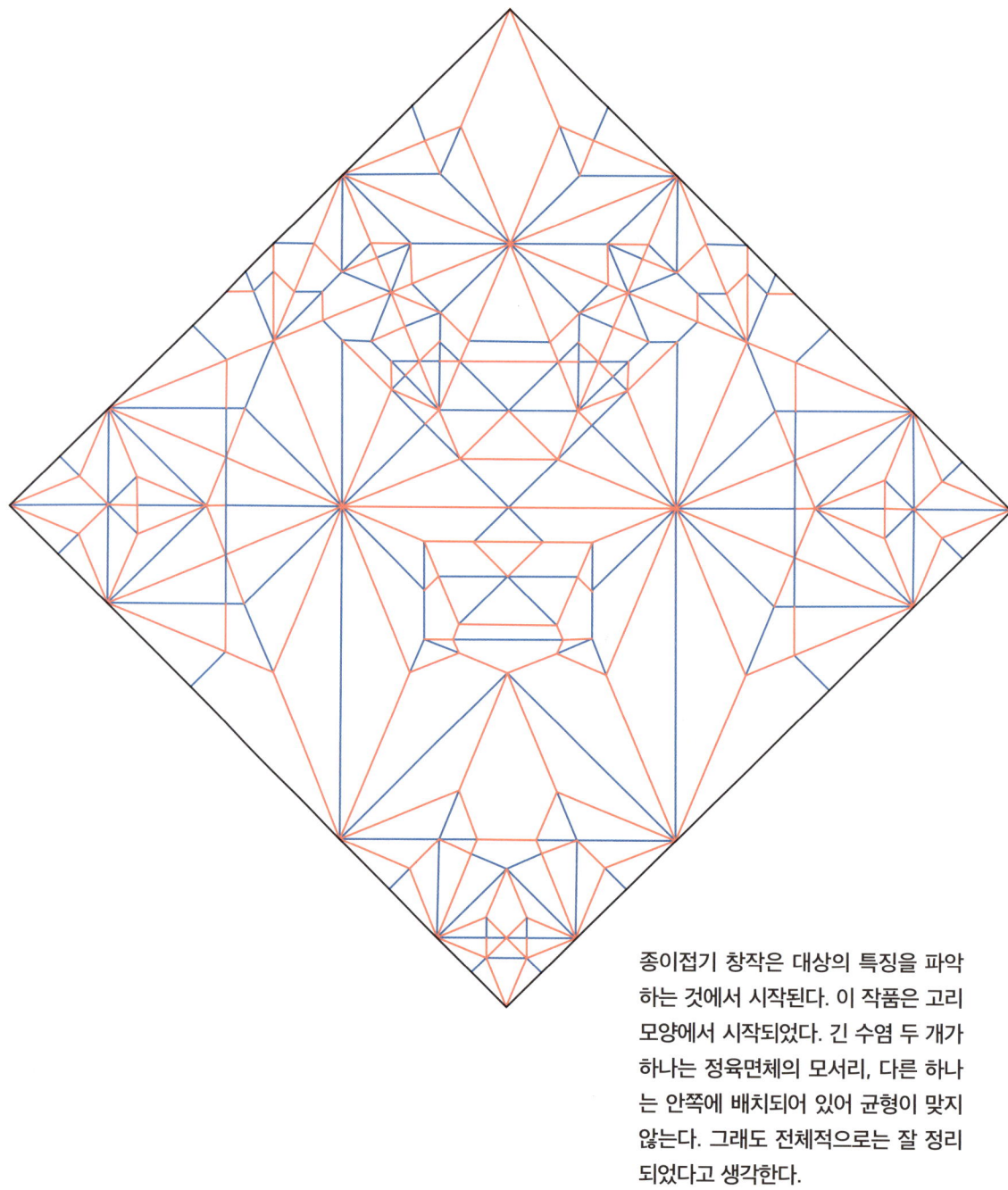

종이접기 창작은 대상의 특징을 파악하는 것에서 시작된다. 이 작품은 고리 모양에서 시작되었다. 긴 수염 두 개가 하나는 정육면체의 모서리, 다른 하나는 안쪽에 배치되어 있어 균형이 맞지 않는다. 그래도 전체적으로는 잘 정리되었다고 생각한다.

창작 ▶ 가쓰카와 히가시

1

종이 한 장으로 무엇을 할 수 있을까?

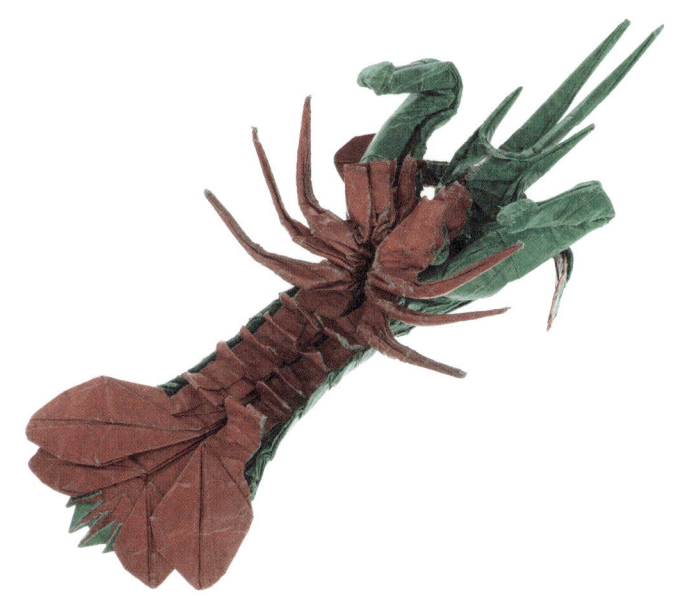

접는 방법은
105쪽

실용

학 책갈피
Crane Bookmarks

창작 ▶ 마시코 료스케

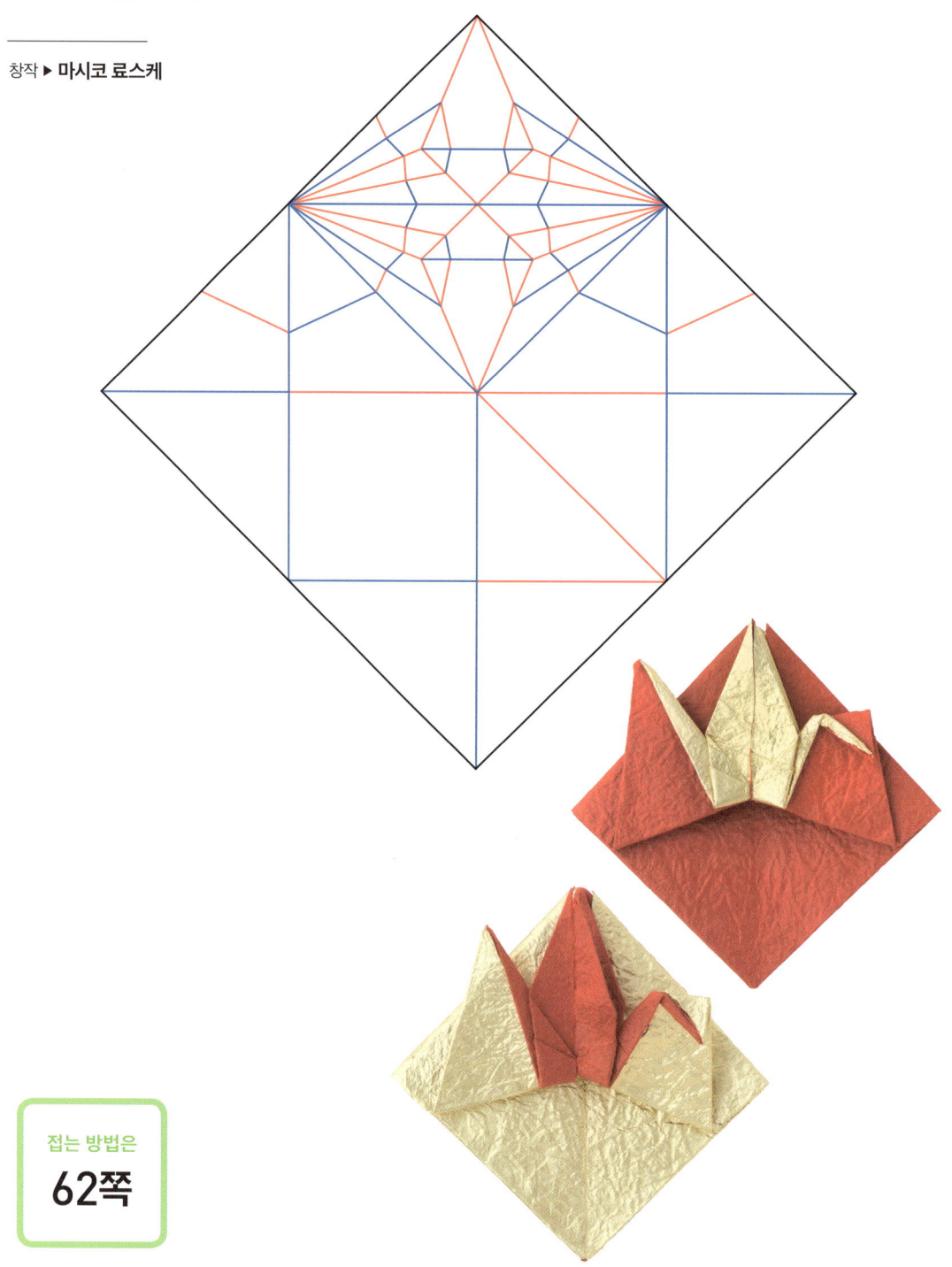

접는 방법은
62쪽

종이접기의
기본을 이해한다

여기에서는 전개도를 중심으로
종이접기의 성질과 재미에 관해 설명한다.
관찰하고 생각하면서 접으면 더욱 즐거워질 것이다!

Chapter 1

종이접기에 도전하기 전에!
종이접기 기본 용어

여기에서는 종이접기를 즐기기 위해 알아 두어야 할 최소한의 기본 용어를 설명하겠다.

기준선
종이를 접었을 때 생기는 선이며 산접기와 골짜기접기 두 가지가 있다. 기준선은 종이접기 작품을 만드는 데 매우 중요하다. 한 번 접고 나서 펼치는 과정이 있는데 얼핏 불필요한 과정이라고 생각할 수 있지만, 다음 과정을 수월하게 하기 위한 사전 준비다.

모서리
종이접기 용어로 두 가지 의미가 있다. 첫째는 정사각형의 직각 모서리를 말한다. 둘째는 작품의 주요 구성 요소인 뾰족한 부분을 가리킨다. 접는 방법이 잘 알려진 〈학〉을 예로 들어 보겠다. 다이아몬드형으로 접어 보면 위쪽과 아래쪽에 각각 뾰족한 부분 두 개와 한가운데 안쪽에 조금 뾰족한 부분이 한 개 있다는 것을 알 수 있다. 그것이 모서리다. 각 모서리에 주목하면서 접어 나가면 총 다섯 개의 모서리가 머리, 꼬리, 등 그리고 두 날개가 된다. 모든 동물과 새, 물고기, 곤충을 접을 때 모서리를 만드는 것은 설계상 반드시 필요하다.

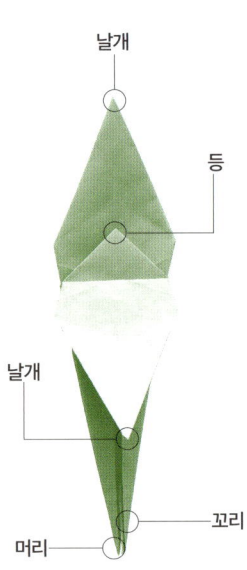

가장자리

가장자리는 작품을 만드는 과정에서 생기는 직선을 가리킨다. 앞에서 예로 든 〈학〉의 기본형을 생각해 보자. 다이아몬드의 변이 직선으로 되어 있는데(접은 부분이므로 당연하지만), 그 직선을 가장자리라고 부른다. '가장자리를 중심선에 맞추어 접는다'라는 지시가 나오면, 학의 머리와 목(이 될 예정인 모서리)이 가늘게 접히도록 직선과 직선을 맞추어 접으면 된다.

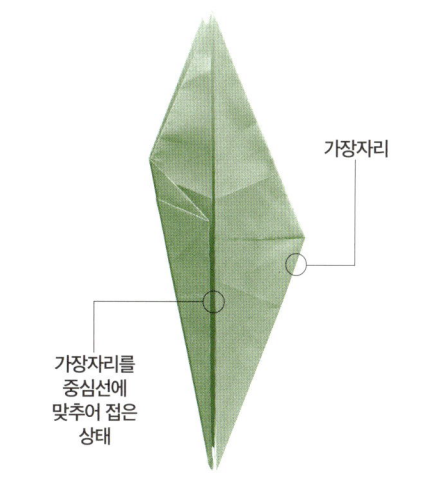

인사이드 아웃

종이의 겉면과 뒷면의 두 색을 작품에 이용하는 기법을 인사이드 아웃이라고 한다. 일반적인 종이접기 작품, 예컨대 〈학〉 등의 작품을 보면 종이 겉면의 색만 드러나고 뒷면의 색은 보이지 않는다. 반면 인사이드 아웃을 이용한 작품은 하나의 작품에 두 가지 색을 나타낼 수 있어 폭넓은 표현이 가능해 종이접기 작가가 자주 이용하는 기법이다. 예컨대 이 책 Part 3에서 소개하는 〈모사사우루스〉(99쪽)에서는 겉면의 색과 뒷면의 흰색을 살려 아름다운 무늬를 표현했다.

겉면과 뒷면의 색 모두를 활용한 〈모사사우루스〉

접기도면과 전개도

접기도면이란 작품의 접는 방법을 처음부터 끝까지 설명한 그림이다. 순서 하나하나를 자세하게 그림으로 표현해서 그대로 따라 접으면 완성할 수 있다.

한편 전개도란 작품을 접을 때의 기준선을 나타낸 그림이다. 앞 Part 1에서는 이 전개도를 다루고 있다.

전개도만을 참고해 작품을 접는 방법을 '전개도 접기'라고 한다. 도면을 보면서 접는 경우와 달리 '어디부터 접을 것인지', '머리나 손발은 어느 부분인지' 등을 머릿속으로 그리며 접어야 한다. 도면을 보고 접는 것보다 난이도가 높지만 바로 그 점이 전개도 접기의 묘미다.

* 이 책의 Part 3에서는 '전개도 접기'에 근접한 그림으로 접는 방법으로 소개한다. 그리고 책 뒤에는 전개도 접기에 도전하고 체험할 수 있는 부록이 있다.

Chapter 2

종이접기를 마스터하자!
작품이 되기까지

전개도 접기 3단계

Step 1
기준선 만들기

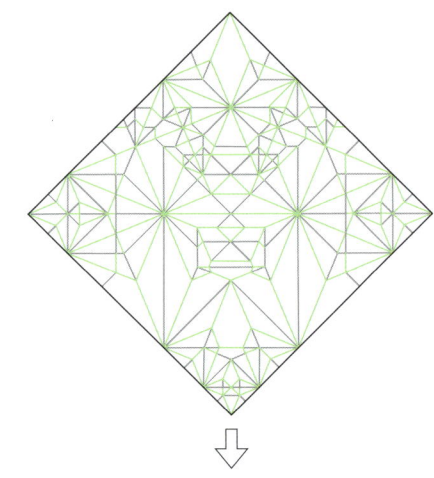

여기에서는 전개도 접기를 바탕으로 정사각형 종이가 작품이 되기까지의 과정을 따라가 본다. 전개도 접기는 크게 '기준선 만들기', '접기', '마무리', 이 세 단계로 나뉜다.

전개도란 작품을 구성하는 기준선을 나타낸 것이다. 따라서 우선 기준선을 만들고 나서 접어 나간다. 이렇게 해서 그대로 완성인가 하면 그렇지 않다. 사실 전개도 대부분에는 작품의 '기본 구조 완성에 필요한 선'만 그려져 있어 전개도대로 다 접어도 기껏해야 '앞으로 손이 될 모서리' 또는 '다리가 될 모서리'가 명확해지는 정도다. 반면에 이 책에서 소개하는 〈별〉(71쪽)처럼 전개도대로 접은 시점에서 완성되는 작품도 있다.

2단계인 접기까지 하고 나면 다음은 마무리 단계로 들어간다. 마무리란 기본 구조 접기를 좀 더 진행하여 작품을 완성해 가는 과정이다. 마지막 단계에서는 모서리에 세심한 기술을 발휘해 사실적으로 만든다. 2단계 접기까지는 이른바 퍼즐 맞추기에서와 같은 관찰력과 사고력, 깔끔하게 접는 솜씨가 요구되는 한편, 마무리 단계에서는 개인의 감성 혹은 장인과 같은 기교가 발휘되어야 한다.

이 같은 세 단계를 거쳐 작품이 완성되는데, 사실은 또 하나의 과정이 있다. 실제 작업에 들어가기 전에 전개도를 해석하고 음미하는 과정이다. 전개도를 제대로 이해하지 못하면 기준선을 접을 수 없으므로 가장 중요한 단계라고 할 수 있다. 전개도 해석을 시작으로 각각의 단계를 살펴보도록 하자.

Step 2
접기

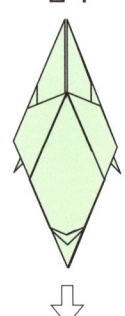

Step 3
마무리

Step 0 전개도 해석하기

전개도를 해석한 뒤 먼저 사용할 종이의 크기와 두께를 판단하도록 한다. 전개도가 복잡할수록 크고 얇은 종이가 바람직하다. 작품은 대부분 가로세로 50센티미터 종이면 접을 수 있지만, 매우 세밀한 과정이 필요한 작품은 미터 규모의 종이가 필요하다. 또한 종이의 무늬를 특정 부분에 표현하고 싶은 경우에는 전개도를 확인하며 무늬와 모서리의 위치를 맞춘다.

이 정도로 복잡한 전개도는 큰 종이를 준비한다.

이어서 기준선을 만들어 나갈 순서를 예상해 본다. 실제로는 여기에서 많이 막힐 것이다. 왜냐하면 기준점이라는 개념이 등장하기 때문이다. 기준선을 접을 때 보통 다른 선이나 점을 이용해 접어 나가는데, 그 토대가 되는 것이 기준점이다. 이것은 대부분 각도계(50쪽)에서 문제가 된다.

기준이 단순한 작품은 선과 각도를 등분하거나 선을 연결하면 자연스럽게 기준선을 접을 수 있다. 그러나 난이도가 높은 작품은 기준점의 비율이 특수한 경우가 적지 않은 데다 기준점을 만들기 위한 선은 전개도에 표시할 수 없다. 그래서 기준선 접는 방법을 몰라 어떻게 해볼 도리가 없는 때가 있다.

이 기준점을 포함해 기준선 접는 방법을 모를 때는 자를 이용하면 도움이 된다. 대략적인 비율을 측정해 보거나 연장선이 되는 선을 찾아 예상해 보는 것이다.

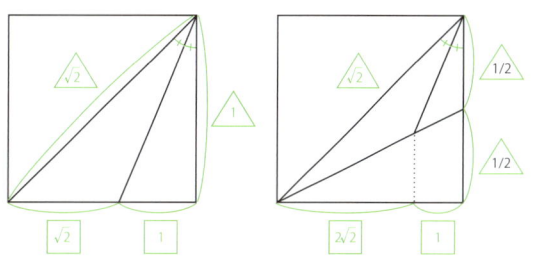

이것은 22.5도 접기에서 자주 사용하는 기준점이다. 정사각형의 대각선과 변의 비율은 $\sqrt{2}:1$이다. 각의 2등분선 성질에 따라 2등분선과 변의 교점은 변을 $\sqrt{2}:1$로 내분한다. 예컨대 5등분하여 3:2로 내분해도 가까운 값이 된다. 하지만 각을 2등분한 무리수와 변을 등분한 유리수는 정합성이 없기 때문에 위 그림과 같은 기준점을 사용한다.

22.5도계와 정합성을 유지하면서 기준점의 위치를 바꾸려고 하면 그림처럼 작업이 복잡해진다. 기준점을 찾기 어려운 때는 위 그림과 같은 작도 방법이 필요한 경우도 있는데 상당히 고도의 작업이다.

또한 전개도에 관해서는 Chapter 3에서 좀 더 자세하게 설명할 테니 계속해서 즐기기 바란다.

Step 1 기준선 만들기

실제로 전개도를 이용해 작품을 만들려면 새 종이에 전개도대로 기준선을 만들어 전개도대로 접어야 한다. 작품의 기초인 기준선이 초반에 조금 잘못 만들어지면, 그 작은 차이가 작품이 완성될 즈음에는 멋진 외관을 망칠 정도로 큰 차이가 될 수 있으므로 정확하고 세심하게 작업해야 한다.

'전개도 해석하기'에도 해당하는 이야기인데, 기준선 접는 순서를 머릿속으로 그려 보면 쉽고 깔끔하게 접을 수 있다. 이를테면 각도 접기 작품에서는 점 하나에 주목했을 때 기본적으로 큰 각도를 2등분하여 선이 많아지는 것이 기본이다. 후반부에 점을 연결하는 등 가는 선을 만들게 될 것이다. 물론 기준점과 관련된 것은 먼저 접는다.

그런데 사실 전개도의 모든 기준선을 반드시 접을 필요는 없다. 접어 나가는 중에 종이를 겹쳐 접다 보면 접히는 선이 있기 때문이다. 하지만 익숙해지기 전에는 가능한 한 모든 선을 접는 편이 무난하다. 선을 인쇄해서 직접 접는 것이 매우 효과적이다. 모쪼록 책 뒤에 있는 전개도를 잘라서 활용해 보도록 하자.

조금씩 선을 접어 나간다

45도 선 → 22.5도 선 → 22.5도 선을 활용한 선

45도 선 → 22.5도 선 → 22.5도 선을 활용한 선

Step 2 접기

기준선을 전부 접고 나면 슬슬 접기 단계로 들어간다. 어디부터 시작하면 좋을까? 그것은 작품에 따라 다르다. 창작자가 실제로 밟은 순서를 전개도를 보고 알아내기란 숙련된 사람에게도 매우 어려운 일이다. 따라서 전개도대로 접는다면 과정은 크게 상관없다. 종이의 어디부터 접기 시작해도 결국 마무리는 같아진다.

대체로 중심에서 가장자리로 혹은 끝 부분부터 차근차근 접어 나가면 된다. 왠지 모순되어 보이겠지만 접기 쉬운 부분을 어디에 배치할 것인가 등 작품 설계에 따라 접는 방법도 달라지기 때문이다. 무엇보다 도전과 실수를 반복하며 꾸준히 연습하여 종이접기에 익숙해지는 것이 중요하다.

다양한 접기

가장자리부터 접어 나간다.

중심부터 접어 나간다.

Step 3
마무리

전개도 접기는 완성까지의 전 과정 중 60~80퍼센트를 차지한다고 보면 된다. 전개도 접기 단계에서는 작품의 기본적인 구조밖에 형성되지 않는다. 그 상태에서 목표로 하는 작품 이미지에 좀 더 다가가도록 하는 작업이 마무리 과정이다. 즉 머리는 머리답게, 다리는 다리답게, 날개는 날개답게 만드는 이 과정이 작품 제작에서 가장 중요하다. 전개도와 상관없이 이 마무리 기술에 따라 작품의 실감 나는 모습이 결정된다.

대체로 마무리와 관련된 작업은 상세하게 언급되지 않기 때문에 '머리나 다리가 될 모서리'를 어떻게 변형하고 접어넣어야 할지 스스로 추측하면서 진행해 나가야만 한다. 한편 정해진 과정이 없어 어떤 의미에서는 접는 사람의 개성과 독창성을 마음껏 발휘할 수 있는 단계인 것이다.

마무리 과정에서는 모서리가 작품 전체 속에서 어떤 위치에 있는지, 종이의 가장자리가 어떻게 접혀 있는지 등 제한된 표면상의 정보를 통해 접는 방법을 추측해 나간다. 마무리는 종이접기에 능숙한 사람이라도 여러 차례 시행착오를 거치게 되는 단계이다. 그러므로 한 번에 전개도 접기를 마무리하지 말고 각 부분을 따로따로 만든 다음 부분별로 연습해 본 뒤 전체적인 마무리에 들어가는 것이 좋다.

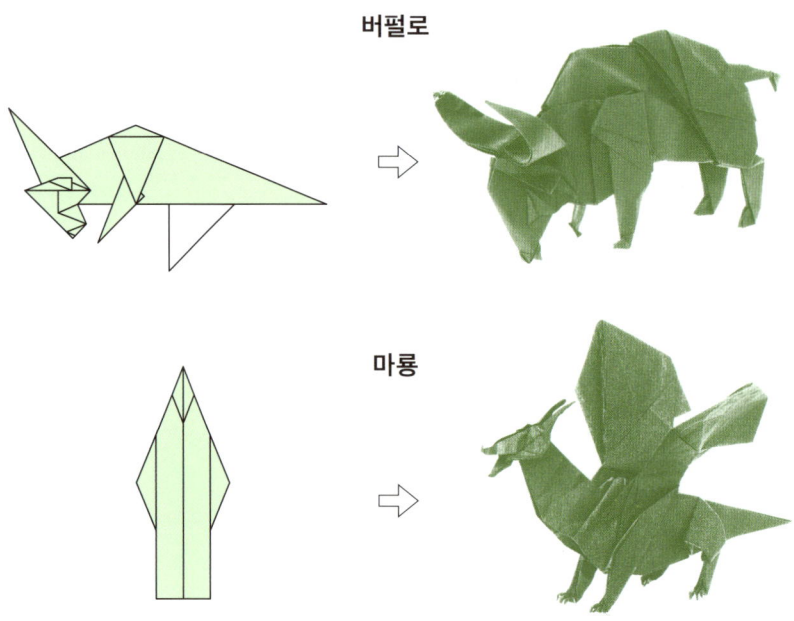

버펄로

마룡

Step 3 좀 더 자세하게!

마무리 순서

1 완성작을 상상한다

전개도를 접은 것의 각 부분이 완성작의 어디가 될지를 확인할 수 있다.

전개도에 적혀 있기도 하지만 그렇지 않은 경우에는 전개도를 접은 것의 모서리 크기, 각 이외의 부분과 연결하는 법, 대칭성 등을 보고 종합적으로 판단한다.

2 대략적으로 형태를 구성한다

위 순서 1에서 결정한 부분이 제 위치에 오도록 접어 나간다. 작품 대부분은 중심부와 그곳에서 연결된 모서리 몇 개로 구성된다. 중심부 형태를 먼저 결정하고 나서 각 모서리의 배치를 정해 나가면 균형을 잡기 쉬워진다.

3 각 부분을 섬세하게 마무리한다

각 부분을 마무리한다. '자주 이용하는 마무리 예'(46쪽)처럼 패턴화한 것도 참고로 하자. 부분마다 고르게 섬세한 마무리를 하는 것이 작품 전체에 통일감을 주는 데 중요하다. 예를 들어 〈학〉을 접을 때, 머리는 매우 사실적으로 마무리했는데 다른 부분이 그 섬세함에 미치지 못하면 전체적인 균형이 깨져 작품의 통일성이라는 관점에서는 완성도가 떨어지기 마련이다.

4 보강한다

필요에 따라 접착제와 철사를 이용해 보강한다. 장기간 전시하는 작품은 접착제와 와이어 사용이 거의 필수적이다. 접착제는 일단 꼼꼼하게 마무리한 부분을 펼쳐서 많이 겹쳐진 부분이나 풀어지면 곤란한 부분에 얇게 바른다.

또한 다리와 날개 등 형태를 고정하고 싶은 경우에는 접힌 곳을 따라 철사를 본드로 붙인 뒤 다시 접어 준다. 접착제가 마르기 전에는 종이가 부드러운 상태여서 곡선으로 다듬기 쉽지만 찢어지거나 철사가 튀어나올 수 있으므로 신중하게 다룬다. 접착제가 완전히 마르면 딱딱하게 굳어 직선을 살리는 접기밖에 할 수 없게 되어 접는 타이밍이 중요하다.

접착제에는 본드·풀·CMC 등이 있는데, 필요한 내구성과 질감에 따라 구분하여 사용한다. 내구성을 높여 주고 빨리 마른다는 점 때문에 본드를 많이 사용하지만, 밖으로 밀려 나오면 눈에 띄므로 조심스럽게 바른다. 종이의 적절한 볼륨감을 남기기 위해서는 표면의 겹쳐진 층 사이에는 접착제를 많이 사용하지 않도록 한다.

철사는 부위에 따라 굵기나 소재를 적절하게 선택한다. 중심부나 모서리가 시작되는 부분에는 굵고 단단한 철사를, 발끝처럼 가는 부분에는 가는 철사를 사용한다. 종이를 감은 것이 다루기 쉽다. 이 밖에도 접착제를 바른 후 건조를 기다리는 사이 형태를 유지하기 위해 끈, 빨래집게, 철사 등으로 고정하는 방법도 효과적이다. 철사가 들어 있는 것이 겉으로 표시가 나면 외관상 보기 좋지 않으므로 가능한 한 눈에 띄지 않게 안쪽 주름에 넣는다.

자주 이용하는 마무리 예

여기에서는 가장 기본적인 모서리인 정사각형의 모서리를 대각선 방향으로 반으로 접은 뒤 접어 나가는 방법을 소개한다. 다양한 전개도에 등장하는 모서리도 대부분 이런 형태이거나 조금 변형된 부분이 더해지는 정도다.

얼굴

접어 놓은 모서리를 가로로 계단접기(60쪽) 하여 눈썹 · 눈 · 코 · 입 등이 될 부분을 만들고, 이어서 세로로 계단접기 하여 코를 만들면서 다른 부분을 입체적으로 마무리한다. 모서리가 여러 개인 때에는 각 모서리에서 조금씩 얼굴 부위를 만든다.

동물 · 공룡 다리

다리 끝을 골격에 맞추어 여러 번 계단접기(60쪽) 하고 입체적으로 마무리한다.

곤충 다리

초급자를 위한 방법
모서리를 가늘게 접고 관절에 맞추어 안쪽으로 접기(59쪽) 한다.

상급자를 위한 방법
위와 마찬가지로 다리의 모서리를 꺼낸 후 끝 부분을 안쪽으로 접기(59쪽) 하고 발톱을 접는다. 이어서 계단접기(60쪽)로 돌기를 만든다.

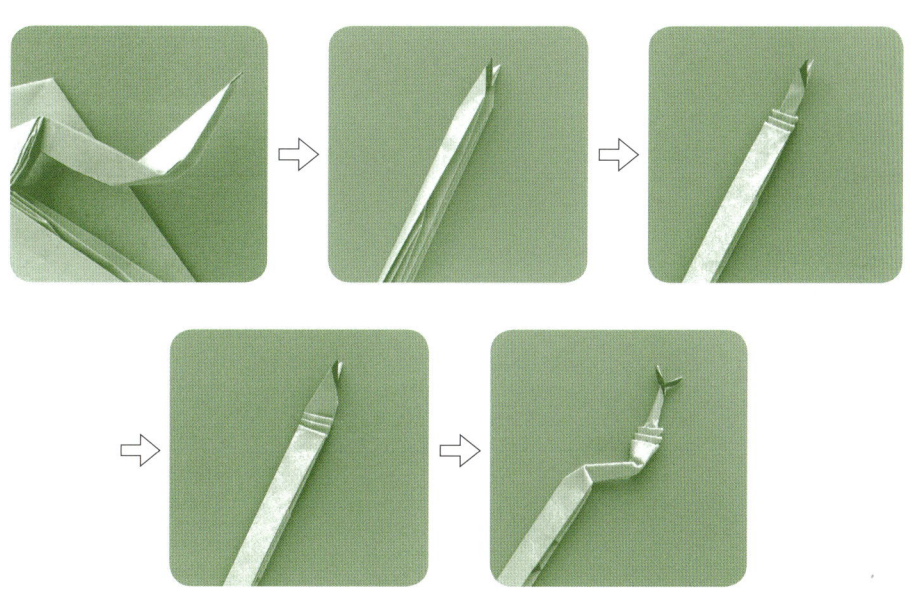

날개

날개 끝이 겹치지 않도록 조금씩 비켜 가며 계단접기(60쪽) 하고 끝 부분을 안쪽으로 접기 (59쪽) 하여 정리한다.

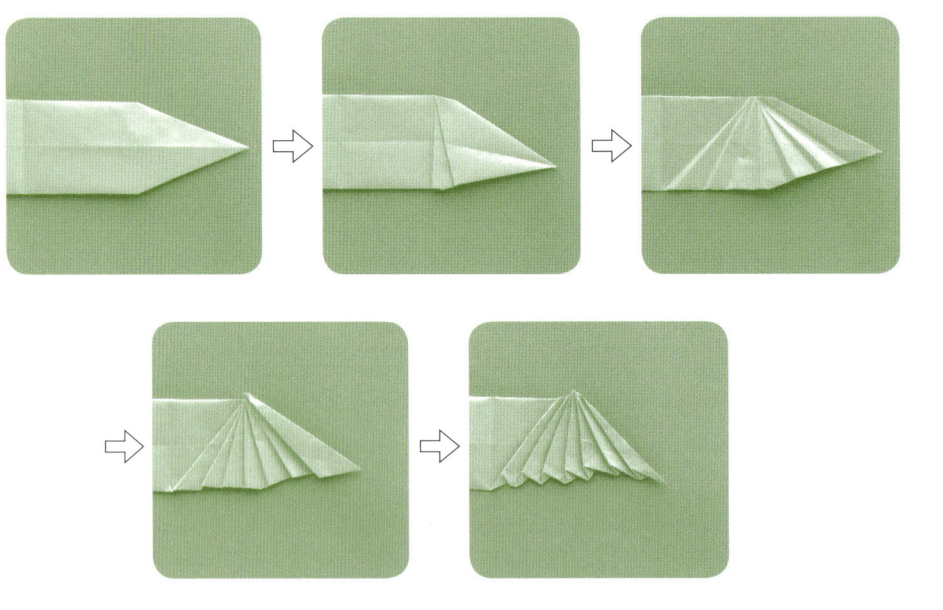

Chapter 3

종이접기 구조를 한눈에 알 수 있다!
전개도란

여기에서는 전개도의 성질을 자세하게 설명한다. 앞에서 언급했듯이 전개도에는 작품의 기본 구조를 이루는 기준선이 나타나 있다. 예컨대 〈학〉의 전개도는 오른쪽 그림과 같다. 간단한 작품이라도 의외로 많은 기준선이 있음을 알 수 있다.

일반적인 종이접기 책에서 흔히 볼 수 있는 것이 접기 도면인데, 작품 소개에 도면 없이 전개도만 있는 경우도 적지 않다. 특히 SNS를 통해 발표하는 작품은 전개도만 있는 경우가 대부분이다. 전개도는 종이접기 작품의 가장 간단한 설계도라고 할 수 있다.

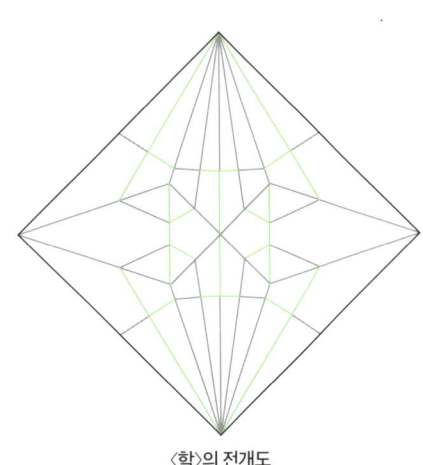

〈학〉의 전개도

산접기선과 골짜기접기선

전개도는 산접기선과 골짜기접기선으로 구성된다. 종이접기에는 함몰접기, 안쪽으로 접기 등 복잡한 접기 방법이 몇 가지 있는데 대부분 산접기와 골짜기접기로 분해할 수 있다. 따라서 원리상 산접기와 골짜기접기만 제대로 알면 작품을 만들 수 있다.

더러 산접기선과 골짜기접기선만 표시한 전개도가 있는데, 접는 방법을 곰곰이 생각하면 어느 것이 산접기선이고 어느 것이 골짜기접기선인지 특정할 수 있게 된다.

주름계와 각도계

종이접기 작품은 설계 방법에 따라 주름계와 각도계 두 그룹으로 분류할 수 있다.

주름계는 정사각형의 변을 32등분, 64등분하는 등 일정한 폭으로 나눈 기준선을 토대로 작품을 만든다. 예컨대 〈목숨 수〉(87쪽)는 한 변을 16등분한 기준선을 기초로 설계되어 있다. 이 방법은 주름의 등분 수를 늘리면 이론상 어떤 형태든 만들 수 있다(현실적으로는 종이의 두께 등이 문제가 된다). 또한 주름의 기준선이 모눈종이와 같이 다른 기준선의 가이드 역할을 하기 때문에 비교적 설계하기도 쉽다.

전개도에 등장하는 기준선은 직선이지만 마무리를 어떻게 하는가에 따라 곡선이나 곡면도 만들 수 있어 이 방법으로 인물, 곤충, 공룡 등 다양한 작품을 창작한다.

단점이 있다면 작품을 접을 때 종이를 등분하는 작업이 어렵다는 것을 꼽을 수 있다. 단 종이접기를 좋아하는 사람 중에는 64등분 기준선을 식은 죽 먹듯 접는 사람이 있으므로 굳이 단점이라 할 정도는 아닐지도 모르겠다. 그리고 많지는 않지만 정사각형을 대각으로 등분하여 접은 선을 기준으로 설계된 대각주름이라 불리는 작품도 있다.

각도계는 일정한 각도로 교차하는 기준선을 기본으로 하는 작품이다. 잘 알려진 〈학〉은 여기에 속한다. 90도를 6등분한 15도나 90도를 4등분한 22.5도 등을 기본으로 한 작품이 많으며 각각 '15도계', '22.5도계'라 부른다. 주름계에 비해 창작할 때 비교적 덜 자유롭지만, 접기가 쉽고 알려진 형태가 많아 22.5도계를 이용한 작품이 다양하게 창작되고 있다. 오른쪽 그림 중 〈코끼리〉(65쪽)는 22.5도계로 분류되며 22.5도와 그 두 배인 45도, 세 배인 67.5도를 중심으로 설계되어 있다.

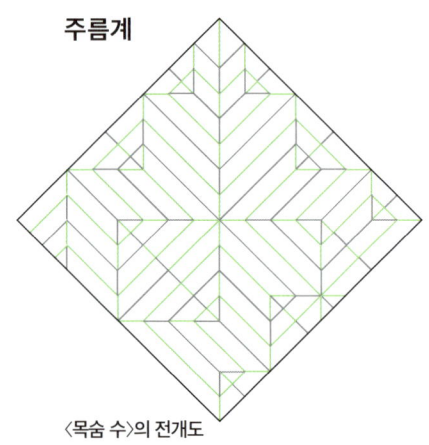

주름계

〈목숨 수〉의 전개도

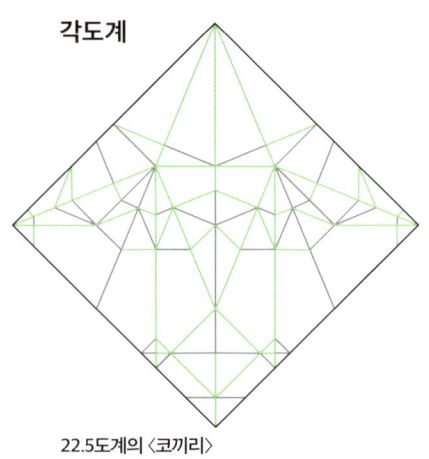

각도계

22.5도계의 〈코끼리〉

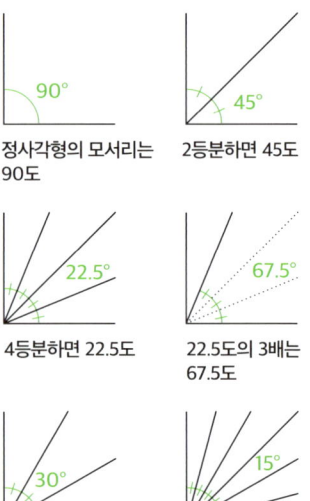

종이접기로 각도에 강해지자!

- 정사각형의 모서리는 90도
- 2등분하면 45도
- 4등분하면 22.5도
- 22.5도의 3배는 67.5도
- 3등분하면 30도
- 6등분하면 15도

북형과 다이아몬드형

종이접기 작품은 주름계와 각도계 외에 북형과 다이아몬드형으로도 분류할 수 있다. 이 북형과 다이아몬드형은 전개도의 대칭축을 어디에 설정하느냐에 따른 분류인데, 작품 대부분은 좌우 대칭이지만 예외적으로 좌우 비대칭인 작품이 있다. 좌우 대칭 작품의 전개도는 당연히 대칭축을 중심으로 좌우가 동일한 구조를 띤다.

오른쪽 그림은 북형과 다이아몬드형 각각의 전개도 예이다. 북형의 대칭축은 변의 수직 2등분선이며, 다이아몬드형의 대칭축은 정사각형의 대각선에 위치한다.

소재에 따라 적합한 구조가 북형일 수도 다이아몬드형일 수도 있다. 이것은 다음에 이야기할 모서리 배치와 관련된 것으로, 창작자의 의도가 드러난다.

모서리 배치

모서리 배치란 '접기를 마쳤을 때 모서리가 될 부분이 전개도에서 어느 부분에 위치할 것인가' 하는 개념이다. 예컨대 〈학〉의 모서리는 머리, 꼬리, 두 날개, 등, 다섯 곳으로 전개도에서 보면 각각 그림과 같다. 복잡한 작품일수록 모서리의 수가 많아지기 때문에 모서리 배치 역시 복잡해진다.

이 개념과 북형·다이아몬드형 구조의 관계가 종이접기 작품 설계에서 중요한데, 소재에 따라 적절한 구조가 다르다고 앞에서 설명했다. 예컨대 정사각형의 네 모서리를 나비의 네 날개로 하면 북형, 드래건의 머리·날개·꼬리로 하면 다이아몬드형이 된다.

모서리는 전개도상에서는 '기준선이 집중되는 점'으로 나타난다. 앞에서 예로 든 〈학〉의 전개도를 보면 정사각형의 네 모서리, 그리고 중심에 기준선이 모여 있다. 전개도 접기를 할 때는 전개도의 어디가 최종적으로 어떤 모서리가 될지를 이해하는 것이 중요하다.

북형

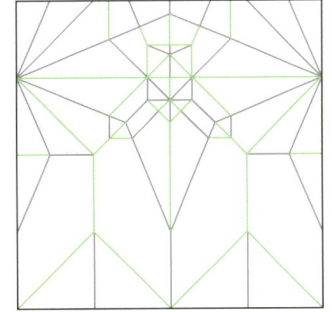

〈고양이〉의 전개도(대칭축이 변의 수직 2등분선에 위치)

다이아몬드형

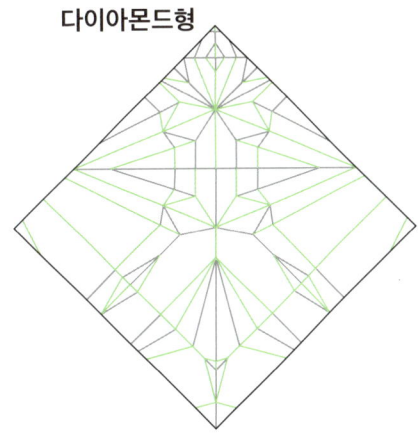

〈전투기 1〉의 전개도(대칭축이 정사각형의 대각선에 위치)

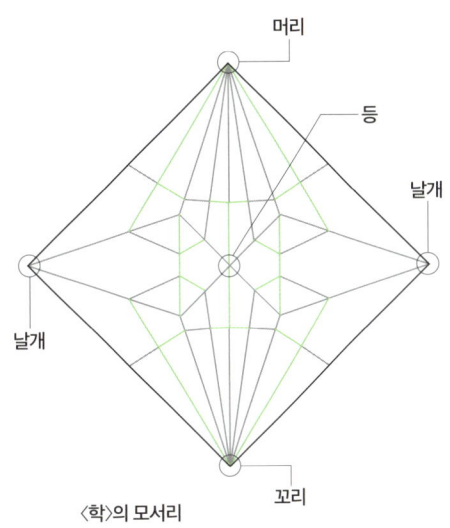

〈학〉의 모서리

기본형과 영역 추가

기본형이란 〈학〉 같은 단순한 작품의 기본이 되는 구조를 말한다. 〈학〉 기본형, 〈물고기〉 기본형, 〈붓꽃〉 기본형이 있으며 각 구조는 매우 단순하지만, 이것을 응용하면 꽤 복잡한 형태의 작품을 접을 수 있다. 정사각형을 넷으로 나누고 작은 사각형 각각에 기본형을 배치하는 것이 일반적인 방법이다. 예를 들어 오른쪽 그림은 〈학〉 기본형을 네 개 배치한 형태로 〈4학〉이라 부르며, 〈드래건〉 등을 접을 때 자주 이용한다. 상급자가 되면 복잡한 작품이라도 전개도만 보고 기초가 된 기본형을 알아낼 수 있다.

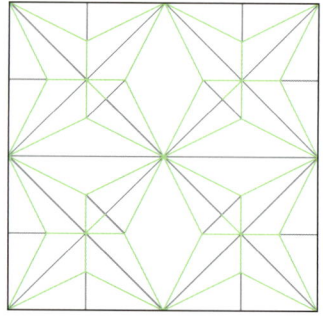

〈학〉의 기본형을 이용한 〈4학〉

그러나 긴 모서리가 여러 개 필요할 때는 기본형의 조합만으로는 대응할 수 없는 경우가 생긴다. 이때 영역 추가*라는 기술을 사용한다. 원래 전개도의 구조를 무너뜨리지 않고 종이의 네 모서리 등에 주름 부분 등을 붙인다.

오른쪽 그림은 〈학〉 기본형 주위에 영역 추가를 한 것이다. 이로써 모서리를 길게 하거나 모서리의 수를 늘릴 수 있다. 이러한 기술은 동물의 발톱이나 눈과 코 등 가늘고 작은 부분을 만들거나 날개와 목 등을 길게 만들어 전체의 균형을 맞추는 데 이용된다.

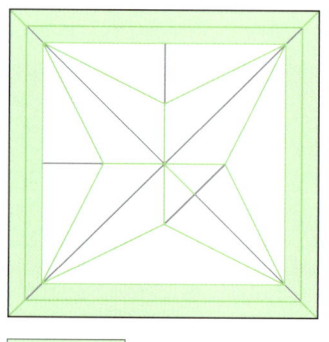

은 영역 추가 부분

* 좀 더 전문적인 용어로는 덧붙이기(grafting)라고 한다. 종이접기 작품을 창작할 때 모서리 개수 또는 원하는 부분의 길이를 늘리기 위해 원래 전개도의 기본 형태에 추가로 종이를 덧붙여서 필요한 영역을 확보하는 기법이다.

종이접기의 절대 규칙에 주목!

마에카와 정리 · 가와사키 정리

종이접기의 두 가지 기하학적 성질을 소개하겠다. 전개도 접기를 할 때 이해하고 있으면 편리한 법칙으로, '마에카와 정리'와 '가와사키 정리'라고 부른다. 순조롭게 접을 수 있는 전개도는 이 두 가지 조건을 반드시 충족하고 있다.

마에카와 정리

기준선이 교차하는 부분에서는 산접기와 골짜기접기의 개수 차이가 반드시 ±2가 된다.

가와사키 정리

하나 건넌 내각의 합이 180도이다.

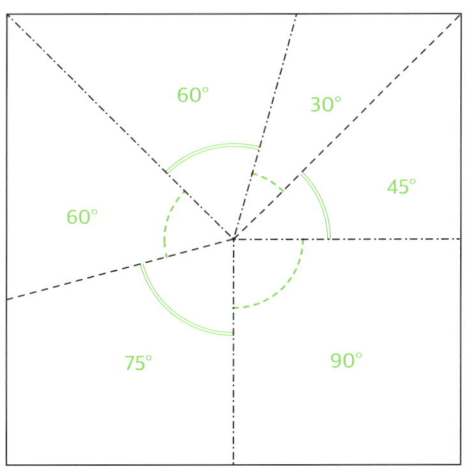

4개(산접기) - 2개(골짜기접기) = 2개

30°+90°+60°=180°
45°+75°+60°=180°

여기에서 소개하는 것은 하나의 예로, 좋아하는 작품이 이 두 정리를 충족하고 있는지 확인해 보자. 단 이것을 충족한다고 해서 반드시 전개도를 순조롭게 접을 수 있는 것은 아니다. 이것은 필요한 최소한의 조건일 뿐, 이것을 만족한다고 충분한 것은 아니다.

Chapter 4

사고력을 키운다!
접는 방법의 응용

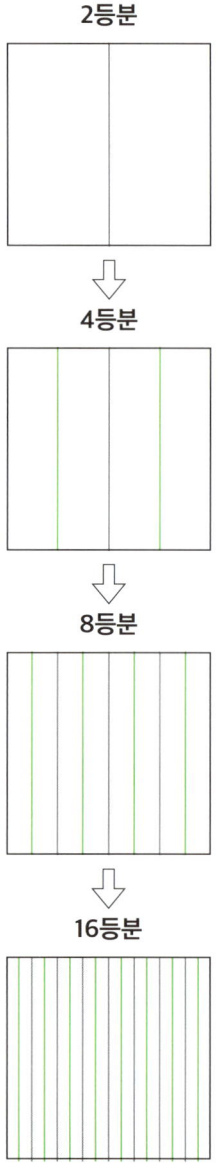

말할 필요도 없지만 전개도를 이용해 작품을 만들 때는 우선 전개도에 그려진 기준선을 대략적으로 접어야 한다. 〈학〉처럼 '모서리 맞추기', '종이의 가장자리 맞추기' 같은 방법은 간단하지만 전개도가 복잡하면 기준선을 어떻게 접어야 할지 모를 경우가 있다.

여기에서는 기준선을 접을 때 유용한 방법을 소개하겠다. 어떤 의미에서는 '자, 연필 등 도구를 사용하지 않고 기준선을 접는 방법'으로 해석할 수 있다. 종이접기의 특징을 즐기면서 작품을 접어 나가도록 하자.

변의 등분

복잡한 종이접기 작품 중에는 '먼저 가로, 세로로 정사각형의 변을 ○○등분하여 기준선을 만드는' 작품이 많다. 변의 등분은 2등분, 4등분 등 '2의 제곱' 등분이다.

접는 방법은 간단하다. 우선 반으로 2등분하고 이어서 그 선에 맞추어 다시 2분의 1 선을 접으면 4등분이 되고, 다시 그 선에 맞추어 접어 나가면 된다. 이렇게 계속해 나가면 8등분·16등분·32등분·64등분 선을 접을 수 있다.

각의 2등분선

하나의 각도를 등분하고자 할 때는 각도를 이루고 있는 기준선 두 개에 주목한다. 한쪽 기준선을 산접기로 잡고 다른 한쪽의 기준선에 맞춘다.

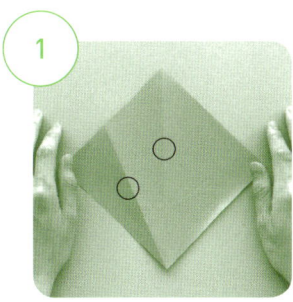
두 개의 기준선에 주목

두 개의 기준선을 겹쳐 접는다.

목표 달성

한 선분의 수직 2등분선

한 기준선의 가운데에 수직으로 기준선을 만들 때는 그 선의 양끝에 주목한다. 그 기준선의 끝과 끝을 맞추어 접으면 수직 2등분선을 접을 수 있다.

선의 양끝에 주목

선의 끝과 끝이 만나게 접는다.

목표 달성

두 점을 지나는 직선

점 두 개를 연결하는 기준선은 양 끝의 모서리를 맞추려고 하기보다 기준선이 어디를 통과할지에 주목한다. 목표하는 점의 위치를 정확하게 확인하고 점 두 개를 손가락으로 누르면서 접도록 한다.

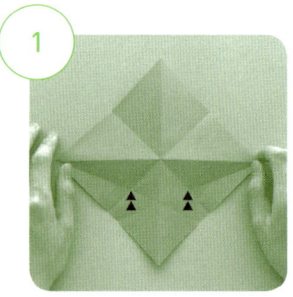

목표하는 점의 위치를 확인한다.

점 두 개를 누르며 접는다.

목표 달성

중간까지 접는다

조금 어려운 종이접기는 '중간까지 기준선을 접는' 경우가 많다. 종이의 끝에서 끝까지 접지 않아, 종이의 일부에 일부러 기준선을 만들지 않는 것이다. 이것은 불필요한 기준선을 줄여 접을 때 혼란스럽지 않고, 완성된 작품에 쓸데없는 선이 노출되는 것을 피하기 위한 기술이다.

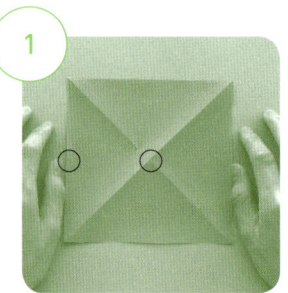

목표하는 위치를 확인한다.

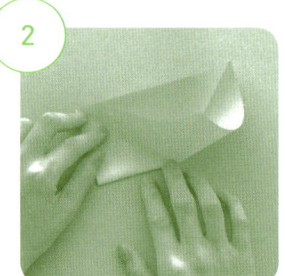

다른 기준선을 이용해 목표 지점까지 접는다.

목표 달성

도형에 강해진다!
n등분과 닮은꼴

종이접기에 익숙해지면 앞에서 말한 2^n등분(2등분, 4등분, 8등분 등)은 바로 할 수 있게 된다. 그러면 3등분이나 5등분, 7등분은 어떻게 해야 좋을까? 종이접기에 익숙하더라도 눈대중으로 하면 오차가 생기기 쉽다. '1mm의 오차도 실패의 원인이 되는데 어떻게 감에 의존해 3등분이나 5등분을 해야 하지!?' 하고 의문을 갖는 사람이 있을 것이다. 다양한 방법이 있지만 닮은꼴에 기초한 방법을 소개한다.

여기에서는 3등분을 예로 들어 설명한다. 사각형의 모서리를 각각 A, B, C, D라고 한다. 우선 A와 C를 연결하는 대각선의 기준선을 접는다. 이어 변 AB와 변 CD를 겹쳐 변의 2등분 기준선을 접는다. 이때 변 BC 위의 점을 E라고 한다. 마지막으로 D와 E를 연결하는 기준선을 접고 AC와의 교점을 F라고 한다. 이때 삼각형 AFD와 삼각형 CFE 가 서로 닮은 것에 주목하자. 이 두 개의 닮은비는 선분 AD와 선분 CE의 비이므로 2대 1이다. 따라서 점 F는 대각선 AC를 2대 1로 내분하는 것이다. 이것을 토대로 변에 정확하게 3등분 기준선을 접을 수 있다.

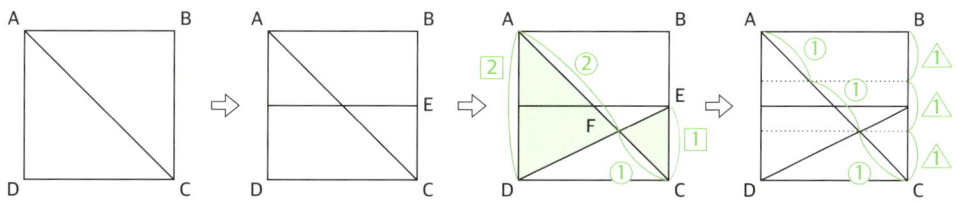

이것을 일반화해 보자. 정사각형 ABCD의 한 변을 n등분하려고 할 때 대각선 AC의 기준선을 접은 뒤에 n/2보다 큰 숫자 중에서 2^k의 형태로 나타낼 수 있는 가장 작은 숫자로 변을 등분한다. 예컨대 5등분의 경우, 5를 2로 나눈 2.5보다 큰 숫자 중에서 2제곱의 형태로 나타낼 수 있는 가장 작은 숫자가 4이므로 4등분, 11등분의 경우는 8이므로 8등분, 이 같은 방식이다. 이때 변 AB나 변 CD와 평행한 기준선을 접도록 하자. 여기에서 C에서 B 방향으로 등분의 기준선을 세고 $(n-2^k)$번째 점 E와 정사각형의 모서리 D를 연결하는 기준선을 접는다. 다시 말해 5등분의 경우는 5−4=1이니 첫 번째 점, 11등분의 경우는 11−8=3으로 세 번째 점이 된다. 이렇게 서로 닮은 삼각형을 만들면 3등분과 마찬가지로 대각선을 $2^k : (n-2^k)$로 내분하는 점을 얻을 수 있다.

세계 공통!
종이접기 규칙

여기에서는 골짜기접기와 산접기를 비롯하여
알아 두면 편리한 기법과 기호를 소개한다.

용어 해설

골짜기접기	산접기
골짜기접기선	산접기선
골짜기접기선이 있는 곳에서 화살표 방향으로 접어올린다.	산접기선이 있는 곳에서 화살표 방향으로 접어넘긴다.

기호 해설

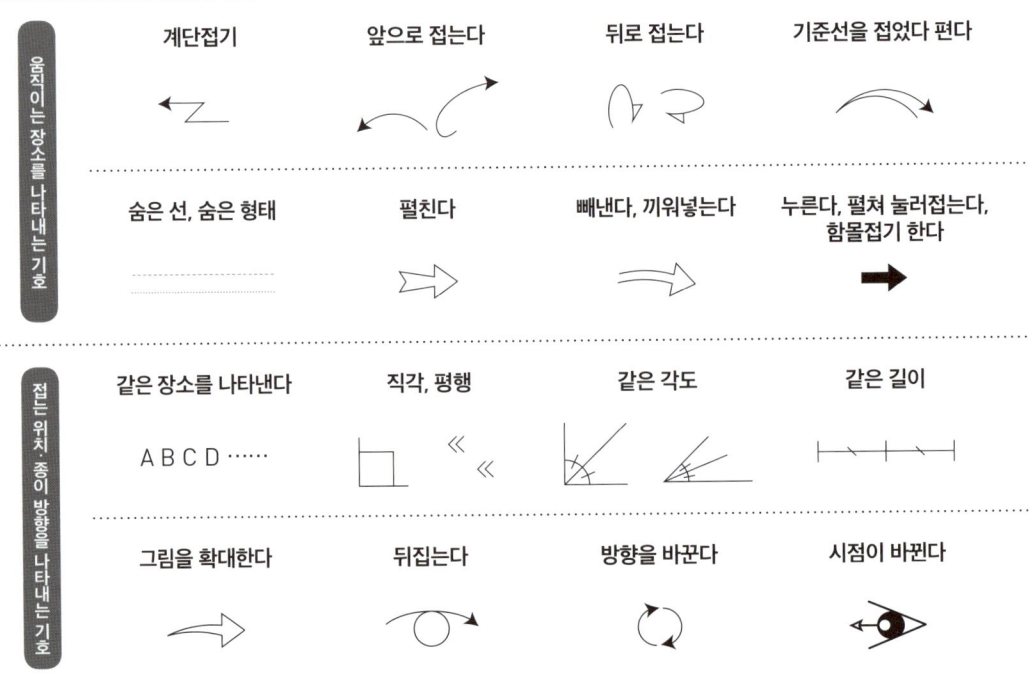

움직이는 장소를 나타내는 기호
- 계단접기
- 앞으로 접는다
- 뒤로 접는다
- 기준선을 접었다 편다
- 숨은 선, 숨은 형태
- 펼친다
- 빼낸다, 끼워넣는다
- 누른다, 펼쳐 눌러접는다, 함몰접기 한다

접는 위치 · 종이 방향을 나타내는 기호
- 같은 장소를 나타낸다   A B C D ……
- 직각, 평행
- 같은 각도
- 같은 길이
- 그림을 확대한다
- 뒤집는다
- 방향을 바꾼다
- 시점이 바뀐다

기본적인 접기 방법

안쪽으로 접기

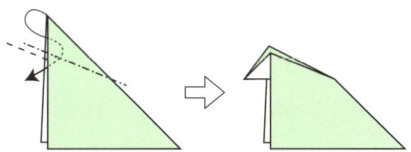

안쪽을 나누듯이 접어넣는다.

밖으로 뒤집어접기

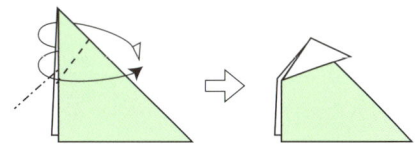

양쪽의 종이를 뒤집어 넘긴다.

펼쳐서 눌러접기

A패턴

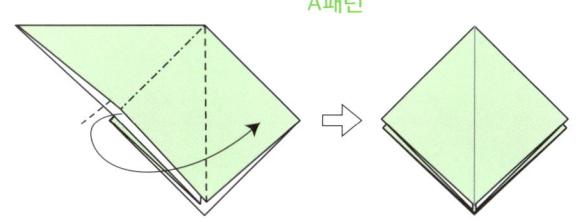

B패턴

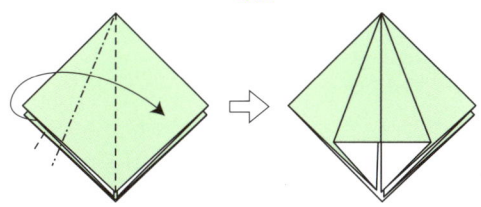

당겨접기

A패턴

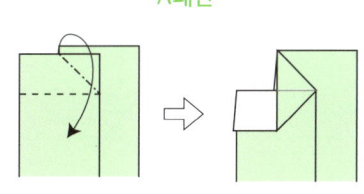

B패턴

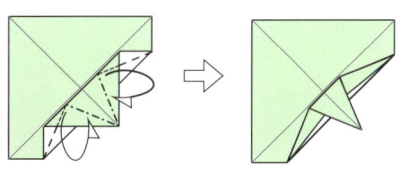

토끼귀접기

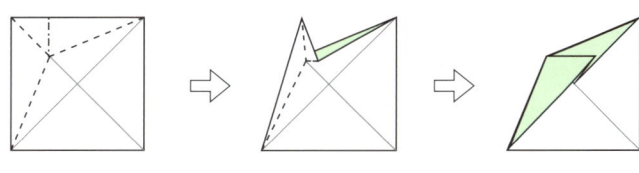

모서리를 잡듯이 접는다.

기본적인 접기 방법

계단접기

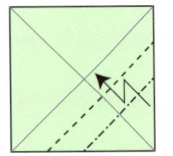

산과 골짜기 기준선 두 개로 주름을 만든다.

옆에서 보면 계단처럼 보인다.

안쪽으로 계단접기

바깥에서 계단접기

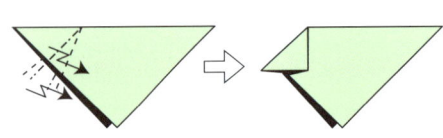

학접기 기본형

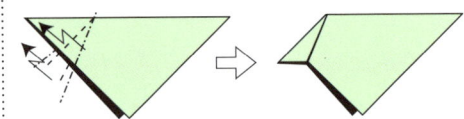

함몰접기

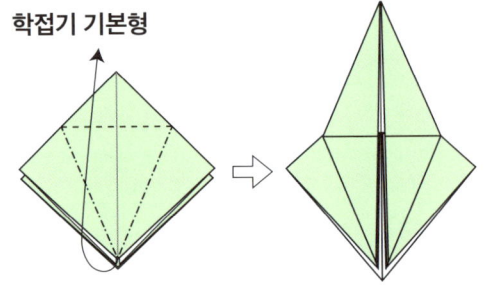

함몰접기 할 부분에 기준선을 만든다.

부분이 안으로 들어가도록 접는다.

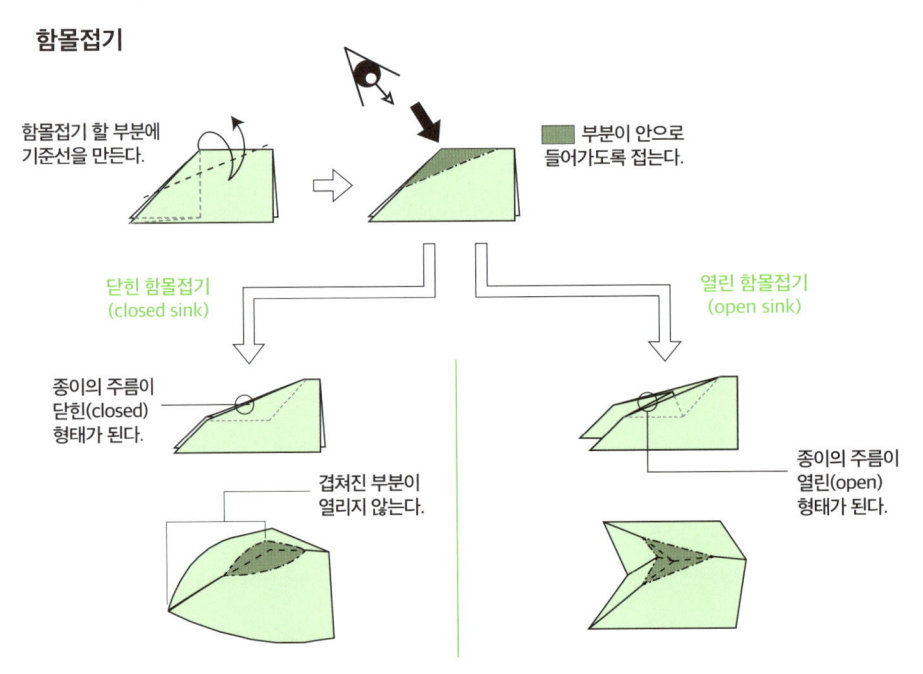

닫힌 함몰접기 (closed sink)

종이의 주름이 닫힌(closed) 형태가 된다.

겹쳐진 부분이 열리지 않는다.

열린 함몰접기 (open sink)

종이의 주름이 열린(open) 형태가 된다.

PART 3

고난이도 종이접기에 도전

오리스트 회원들이 창작한 작품의 접는 방법을 소개한다.
각 작품의 첫 페이지에 종이접기 IQ 숫자가 적혀 있는데
숫자가 클수록 난이도가 높다.

종이접기 IQ 035 — 학 책갈피
Crane Bookmarks

| 창작 ▶ 마시코 료스케 | 추천 사이즈 ▶ 15cm×15cm |

책의 모서리를 끼워 넣는 타입의 책갈피다. 인사이드 아웃을 활용할 수 있게 겉면과 뒷면 색이 다른 종이를 사용한다. 무늬가 있는 수공예용 종이나 컬러 종이 포일 등으로 만들면 좀 더 완성도 있는 작품을 만들 수 있다.

전개도

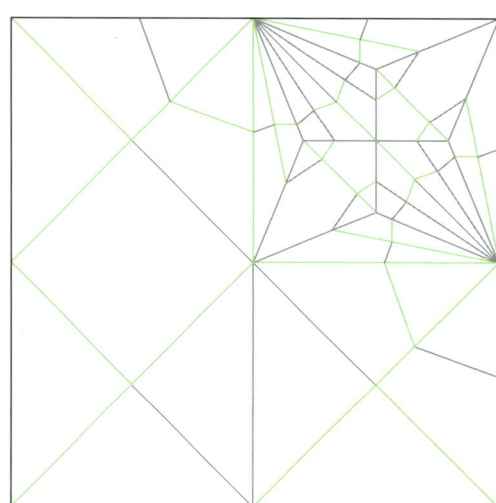

전개도를 완성한 그림

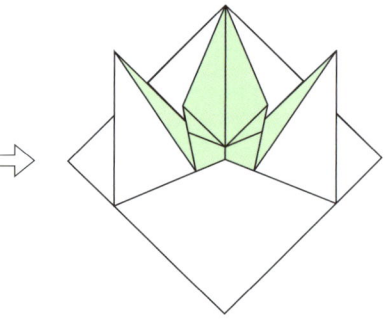

Step 1 기준선 만들기

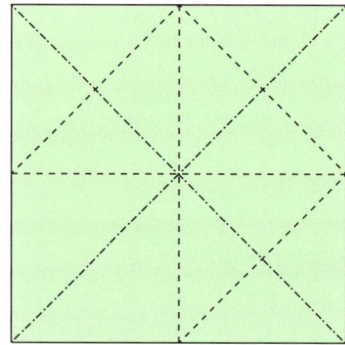

1 그림과 같이 2등분선과 45도 기준선을 접는다.

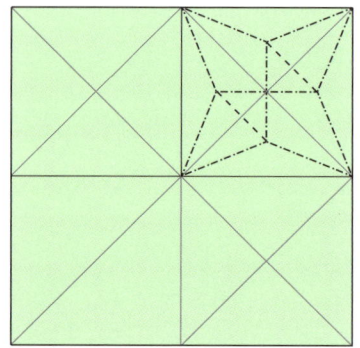

2 22.5도 기준선과 그것을 연결하는 기준선을 접는다.

Step 2 접기

3
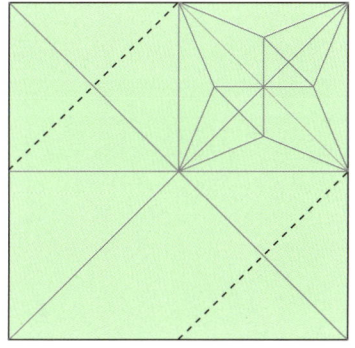
기준선에 따라 모서리를 접는다.

4
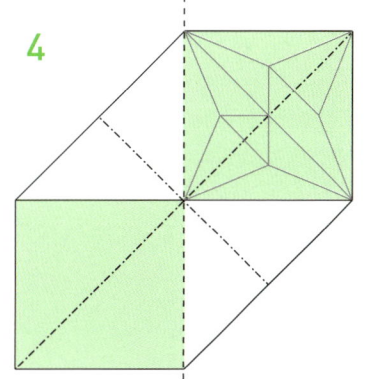
기준선대로 종이를 한 번에 접는다.

5
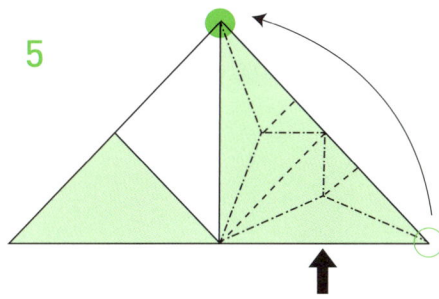
굵은 화살표 부분이 볼록해지도록 펴고, 접어 놓은 기준선에 따라 모서리 ○를 모서리 ●로 당기며 뒤쪽도 동시에 접는다.

6
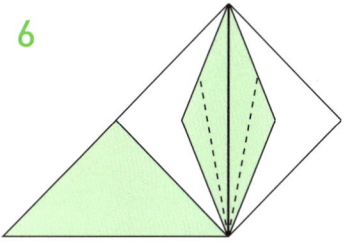
그림과 같이 모서리를 중심선에 맞추어 접는다.

7
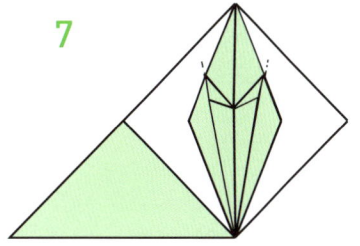
뒤쪽으로 접는다.

8

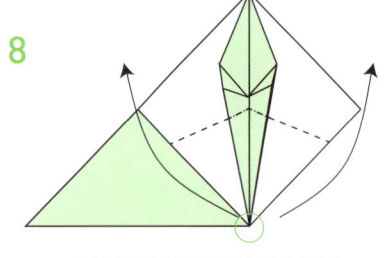

모서리 ○를 안쪽으로 접기 한다.

9

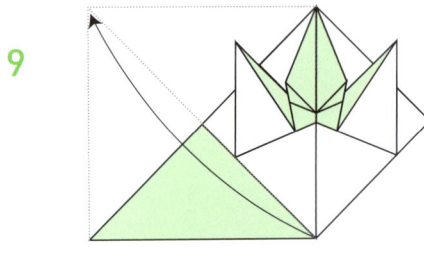

모서리를 빼낸다.

10

모서리를 뒤로 산접기 한다.

11

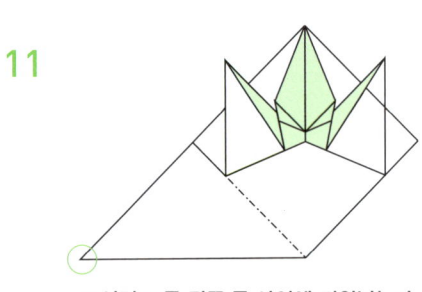

모서리 ○를 뒤쪽 틈 사이에 끼워넣는다.

12

안쪽으로 접기

13

완성

종이접기 IQ 040 코끼리
Elephant

| 창작 ▶ 사사단고 | 추천 사이즈 ▶ 15cm×15cm |

초보자도 부담감 없이 간단하고 귀여운 작품을 즐기며 도전할 수 있도록 최대한 난이도를 낮추었다. 종이접기에 익숙해져 자신 있는 사람은 반드시 전개도 접기에 도전해 보자.

전개도

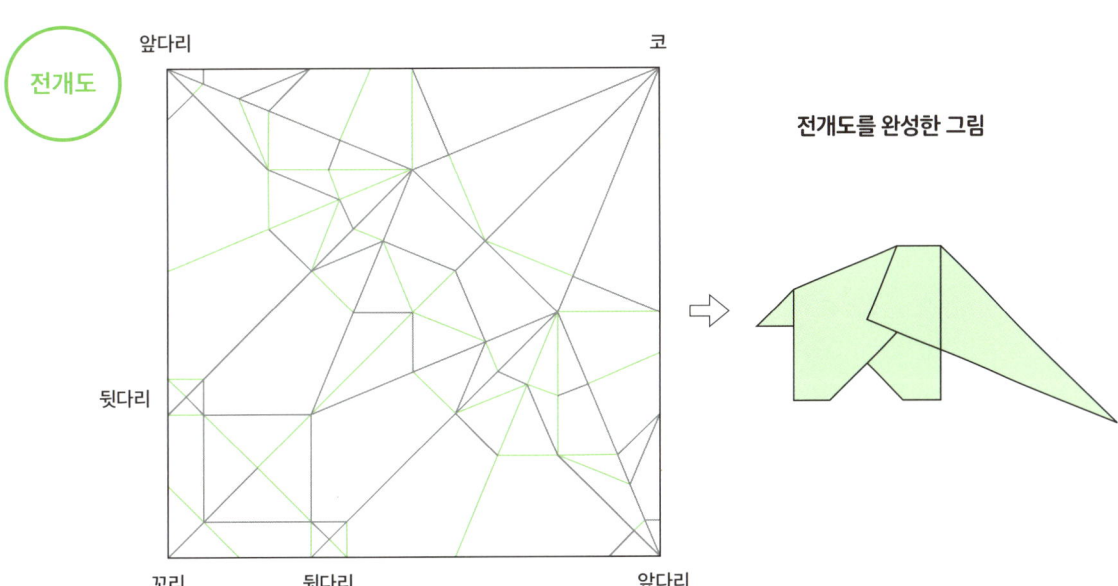

앞다리 / 코 / 뒷다리 / 꼬리 / 뒷다리 / 앞다리

전개도를 완성한 그림

Step 1 기준선 만들기

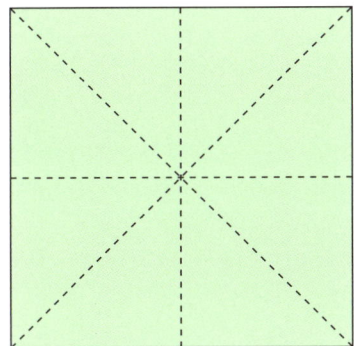

1 가로, 세로, 대각선 방향으로 2등분하는 기준선을 접는다.

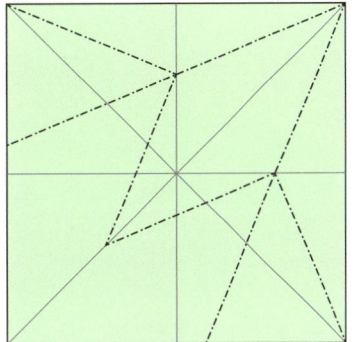

2 그림과 같이 22.5도 각도로 기준선을 접는다.

3

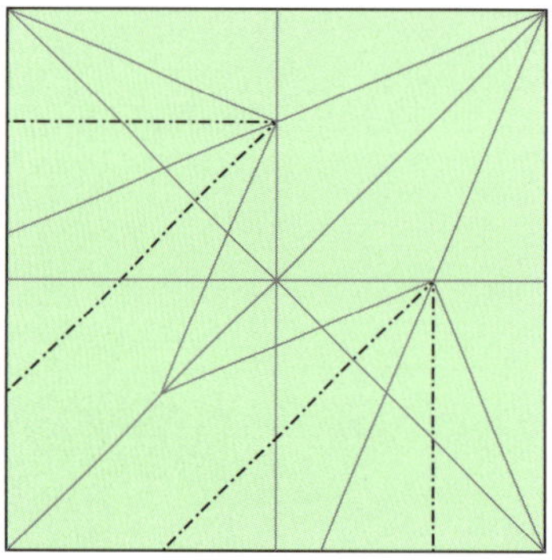

그림과 같이 가장자리나
기준선에 평행이 되도록
접는다.

Step 2 접기

4

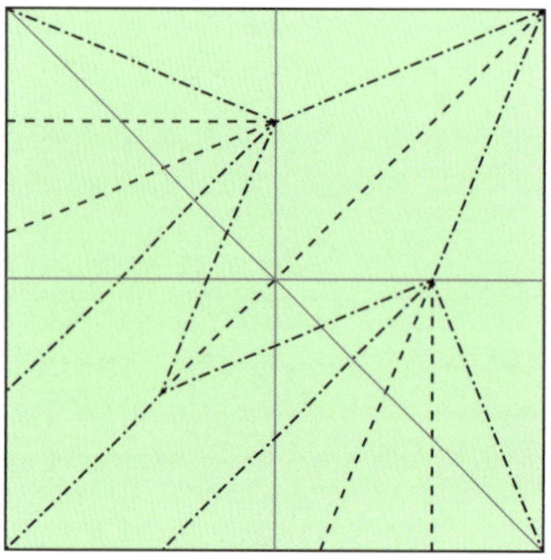

만들어 둔 기준선을 이용해 접어 나간다.

5

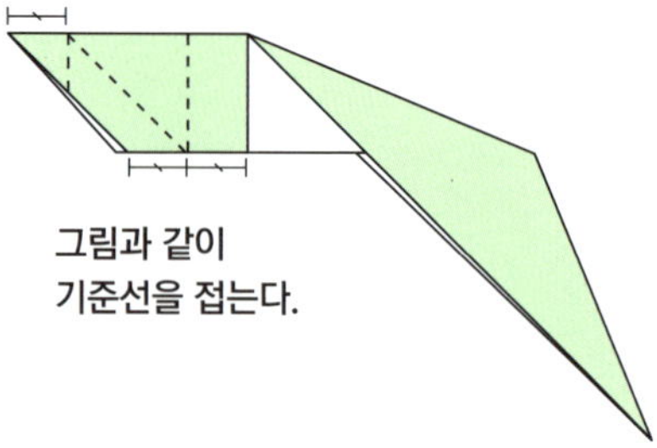

그림과 같이
기준선을 접는다.

6

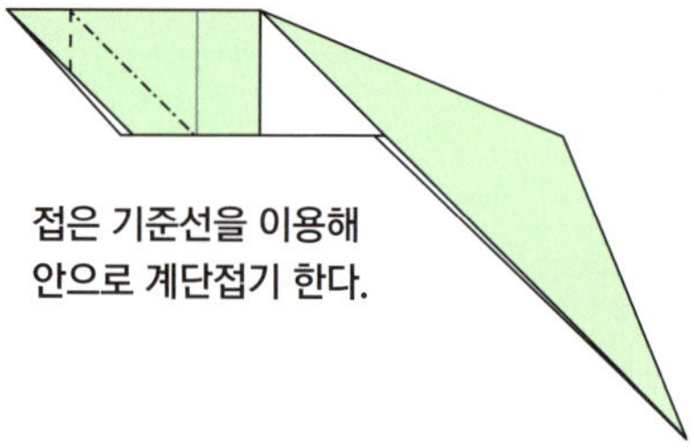

접은 기준선을 이용해
안으로 계단접기 한다.

7

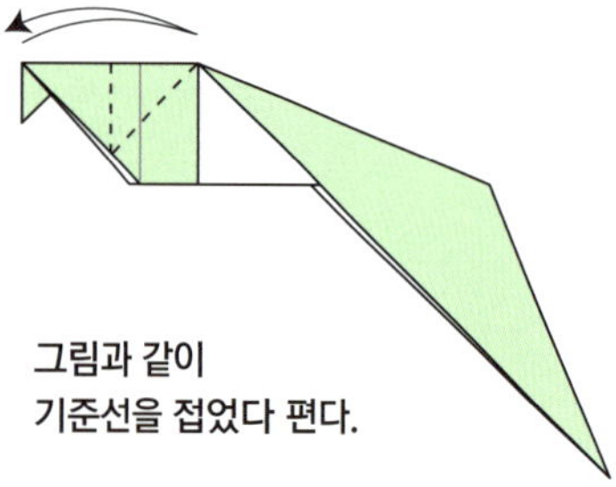

그림과 같이
기준선을 접었다 편다.

8

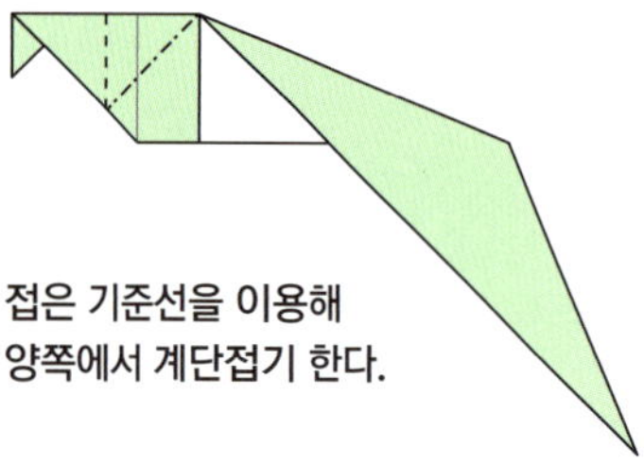

접은 기준선을 이용해
양쪽에서 계단접기 한다.

9

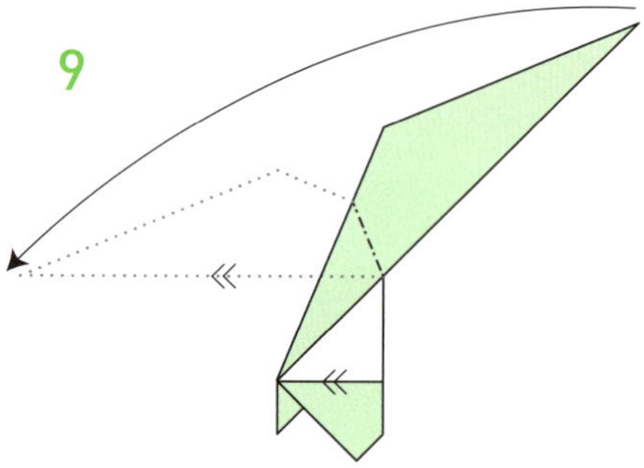

가장자리와 가장자리가 평행이 되도록
안쪽으로 접기 한다.

10

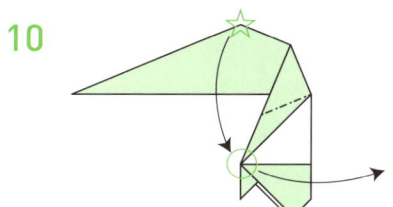

모서리 ○의 한 장을 오른쪽으로,
모서리 ☆를 아래쪽으로 접어내린다.

11

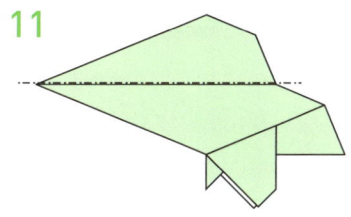

반대쪽도 순서 10과 같은 방법으로
접는다.

12

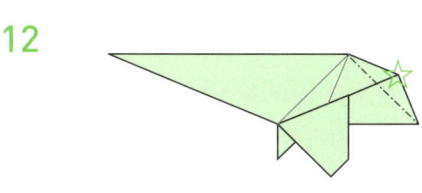

☆를 뒤쪽으로 접어넘긴다.
반대쪽도 같은 방법으로 접는다.

13

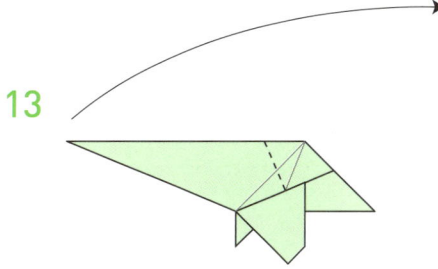

밖으로 뒤집어 접는다.

Step 3 마무리

14

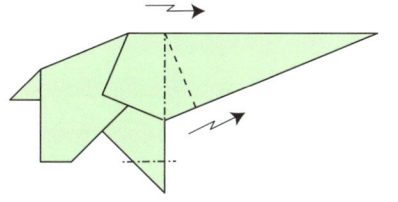

앞뒤 양쪽에서 계단접기 하여
귀를 만든다. 발끝을 안으로 접는다.

15

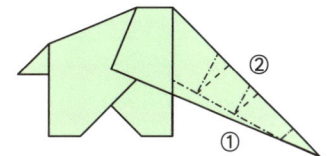

① 앞장과 뒷장 코를 안으로 접고,
② 두 곳을 계단접기 한다.

16 완성

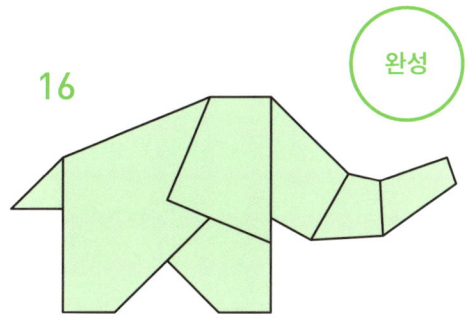

종이접기 IQ 045

전투기 1

Fighter

창작 ▶ 사사단고   추천 사이즈 ▶ 15cm×15cm

이 전투기는 로켓 전투기를 떠올리면서 접은 작품이다. 친숙하지 않은 소재이지만 사실적인 조형을 추구하면서도 단순한 구조가 되도록 했다. 작품이 완성되면 꼭 실제로 날려 보자.

전개도

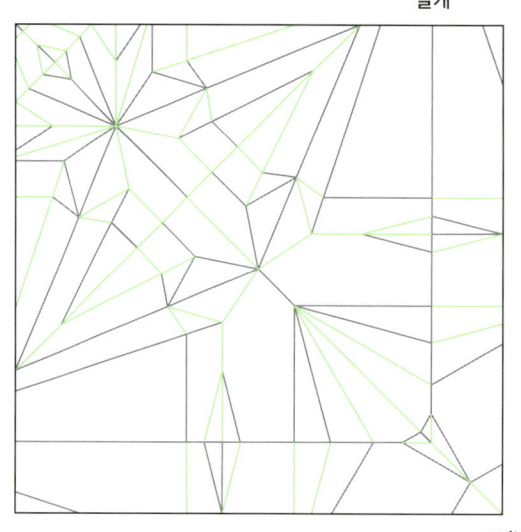

날개 / 꼬리날개

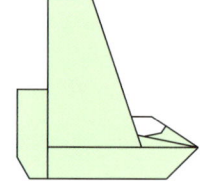

전개도를 완성한 그림

Step 1 기준선 만들기

1

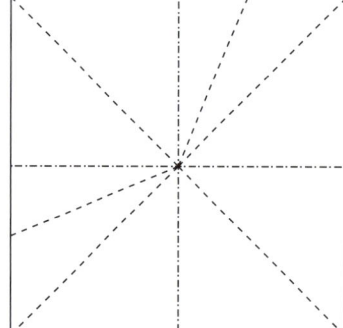

가로, 세로, 대각선을 2등분하고 나서 다시 22.5도 기준선을 접는다.

2

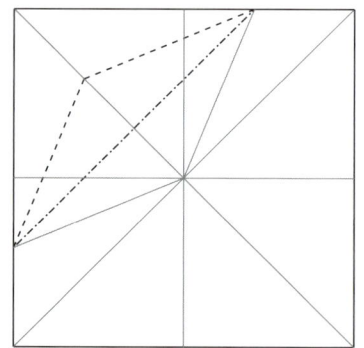

순서 1의 선을 참고하며 그림과 같이 기준선을 접는다.

3

순서 2의 선을 참고하며 그림과 같이
가장자리와 평행이 되게 기준선을 접는다.

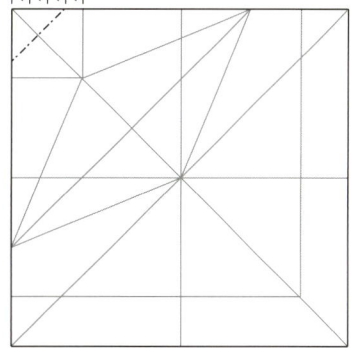

4

기준선까지 4분의 3 되는 지점에서
모서리를 뒤로 접는다.

Step 2 접기

5

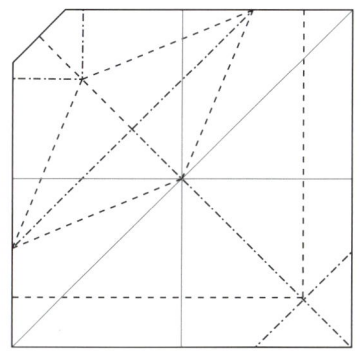

만들어 둔 기준선을 이용해 접어 나간다.

6

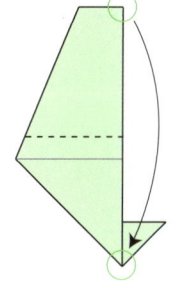

모서리와 모서리를 맞추어 접는다.

7

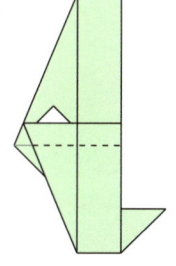

뒤의 선에 맞추어 그림과 같이
기준선을 접었다 편다.

8

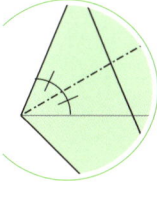

가장자리를 기준선에
맞추어 2등분한다.

9

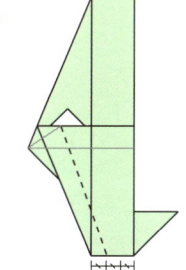

모서리로부터 3분의 1 지점과
순서 8에서 접은 선을 연결하는
위치에 기준선을 접었다 편다.

069

10 만들어 둔 기준선을 이용해 당겨접기 한다.

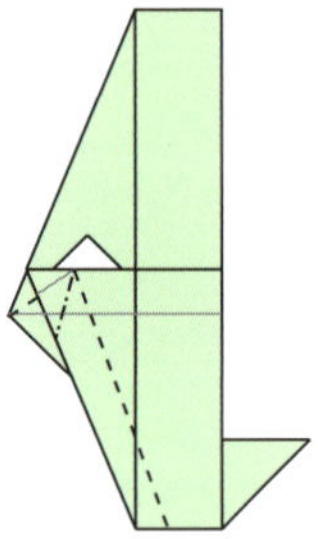

11 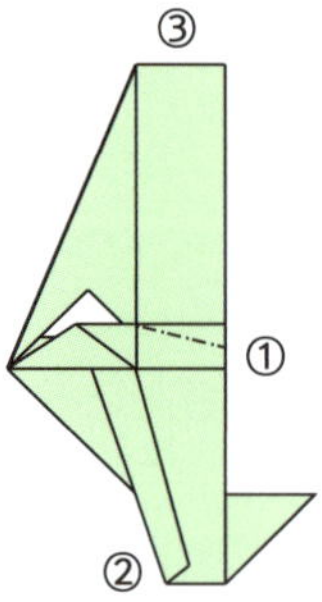
① 뒤로 산접기 한다.
② 날개 종이의 겹쳐진 부분을 오른쪽 한 겹 안으로 넣고 끝의 뒤집어진 부분을 안으로 접어넣는다.
③ 순서 6과 같은 방법으로 접는다.

12 반대쪽도 순서 7~11과 같은 방법으로 접는다. 모서리를 당겨서 빼낸다.

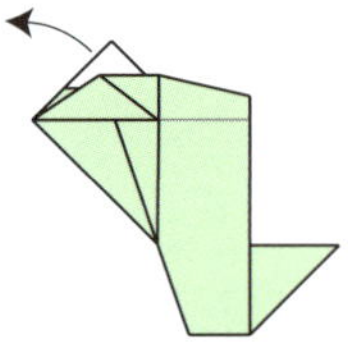

Step 3 마무리

13 앞뒤 양쪽을 계단접기 한다.

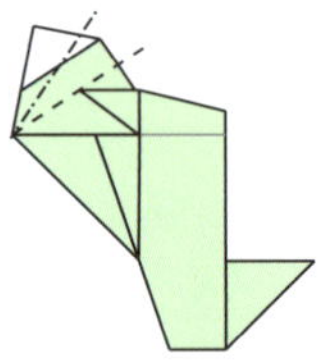

14 윗부분을 안쪽으로 접기 한다.

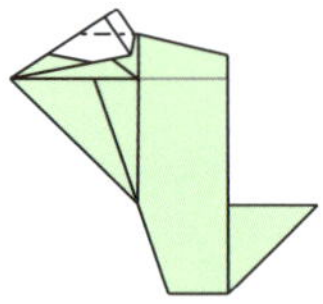

15 주 날개의 모서리를 양쪽 모두 위로 접어올린다.

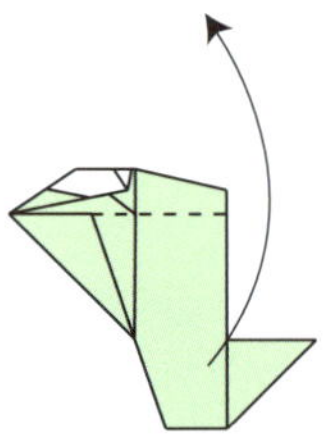

16 가장자리를 기준선에 맞추어 그림과 같이 접었다 편다.

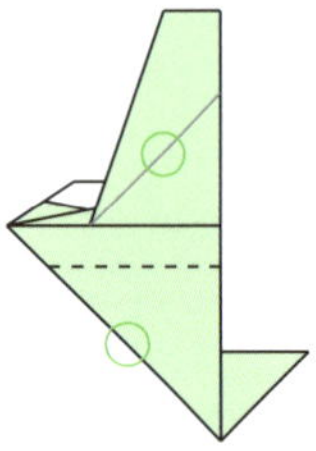

17 가장자리의 30도 지점에서 안쪽으로 접기 한다.

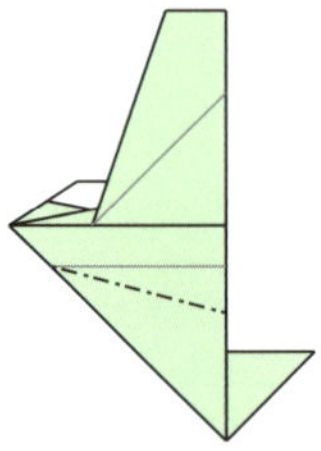

18 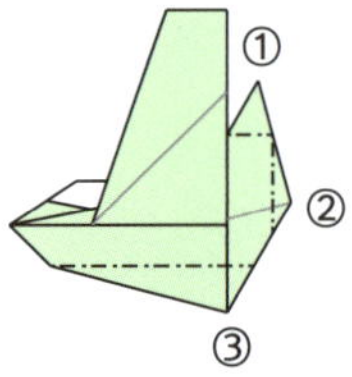
① 모서리를 안쪽으로 접기 한다.
② 꼬리날개의 뒤쪽은 함몰접기 한다.
③ 앞뒤 모서리를 안으로 접어넣는다.

19 입체적으로 마무리한다.

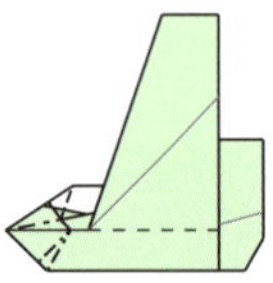

20 완성

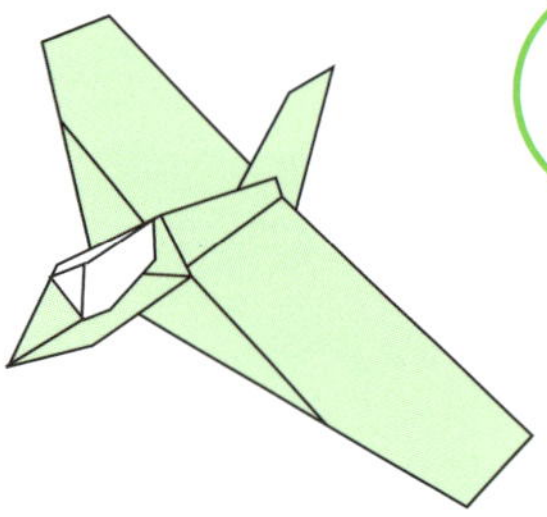

종이접기 IQ 050

별
Star

창작 ▶ 이바라 아오이　　추천 사이즈 ▶ 15cm×15cm

기하학적 패턴으로 회전하며 접어 나가는 과정이 재미있는 작품이다. 접기도면에는 기준선이 세세하게 만들어져 있지만 익숙해지면 기준선 접는 과정을 건너뛰어도 접을 수 있다.

전개도

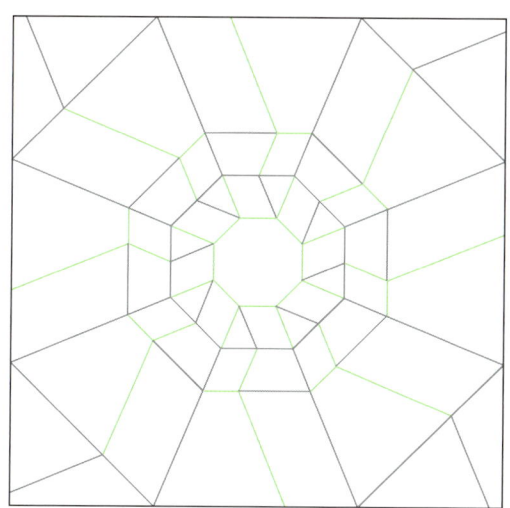

전개도를 완성한 그림

Step 1　기준선 만들기

1

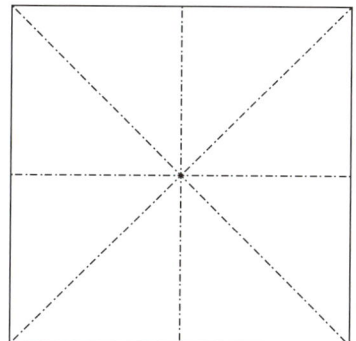

가로, 세로, 대각선을 2등분하여 기준선을 접는다.

2

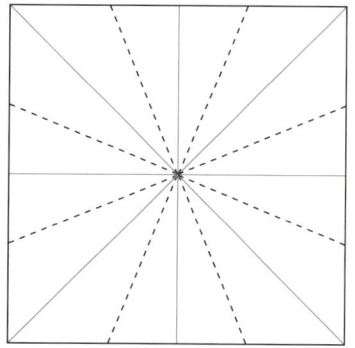

순서 1의 기준선을 참고로 다시 2등분하여 22.5도 기준선을 접는다.

3

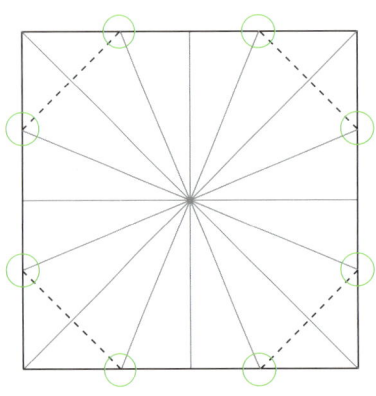

◯를 연결하는 선으로 기준선을 접는다.

4

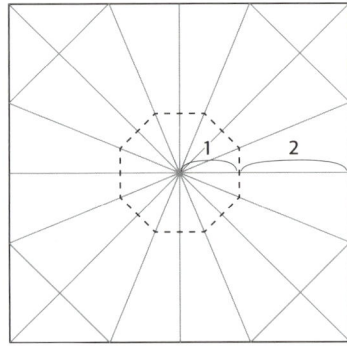

그림처럼 팔각형의 기준선을 접는다. 약 1대 2.

5

 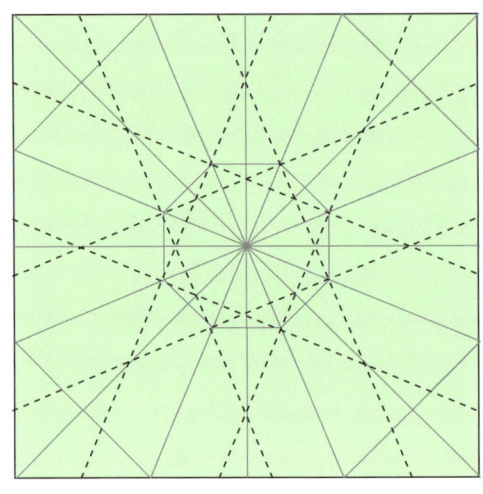

팔각형의 정점을 기점으로
그림처럼 기준선을 접는다.

> Step 2 **접기**

6

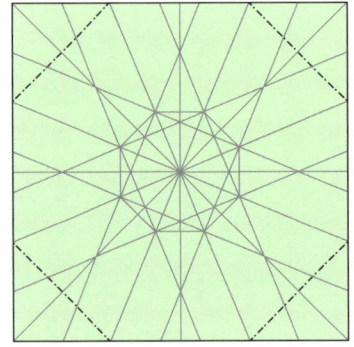

네 모서리를 기준선대로 접어
팔각형을 만든다.

7

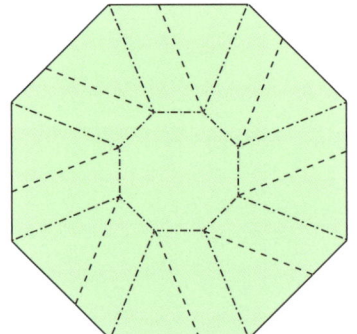

가운데의 팔각형을 중심으로 접혀 있는
선에 따라 그림처럼 접는다.

순서 7의 과정 그림

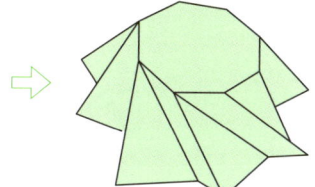

8

가장자리와 중앙의 중심선에 맞추어 기준선을 접는다.

9

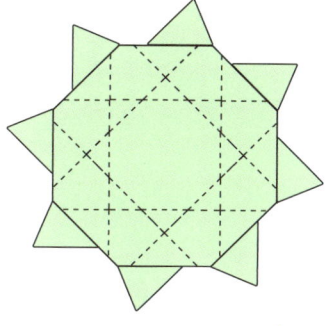

나머지 7곳도 순서 8과 같은 방법으로 기준선을 접는다.

10

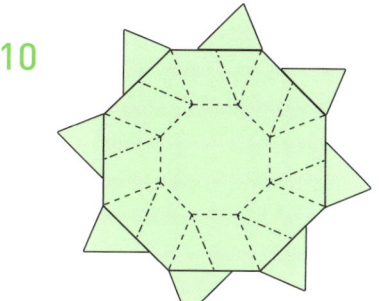

기준선을 이용하여 순서 7과 같은 방법으로 접는다.

11

완성

* 이 작품에는 마무리 과정이 없다.

종이접기 IQ 055

고양이
Cat

창작 ▶ 가쓰카와 히가시   추천 사이즈 ▶ **24㎝×24㎝**

구체적인 품종을 소재로 삼지 않았으므로 비슷한 고양이를 찾아보거나 기르고 있는 고양이와 유사하게 접어 보자. 15cm 크기의 종이로도 접을 수 있지만, 얼굴 특히 눈이 가늘어진다.

전개도

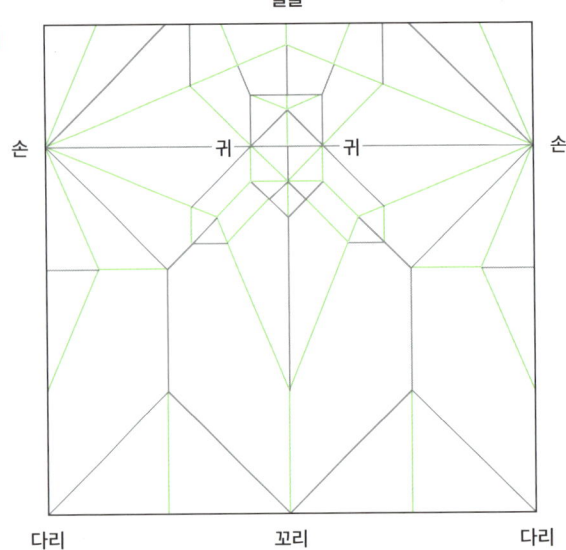

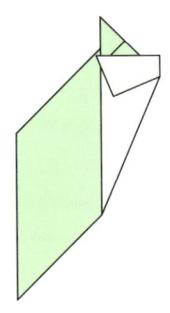

전개도를 완성한 그림

Step 1 기준선 만들기

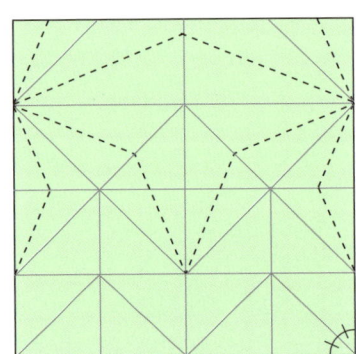

1 가로, 세로의 기준선을 접고 나서 45도 선을 접는다.

2 45도 선을 2등분하여 22.5도 기준선을 접는다.

| Step 2 | 접기 |

3

B를 연결하는 선보다 위쪽을 먼저 접는다.
C를 중심으로 만들어진 기준선을 이용해 접는다.

4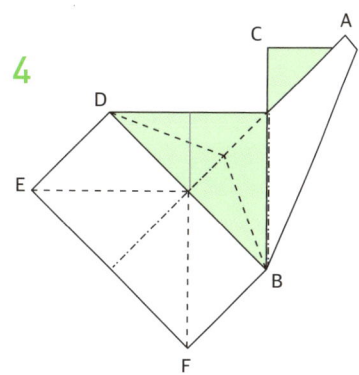

그림의 선을 따라가며 B와 D, E와 F가 만나도록 접는다. 반대쪽도 같은 방법으로 접는다.

5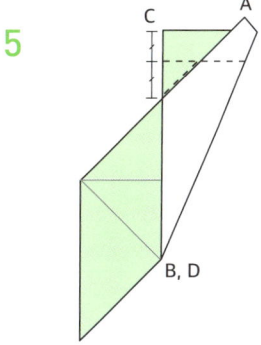

종이를 겹친 채 함께 기준선을 접는다.

6

C와 G 사이를 벌리고 가운데 주름을 그림처럼 누르면서 C의 양쪽에서 산접기 하여 접는다(C와 G가 만난다).

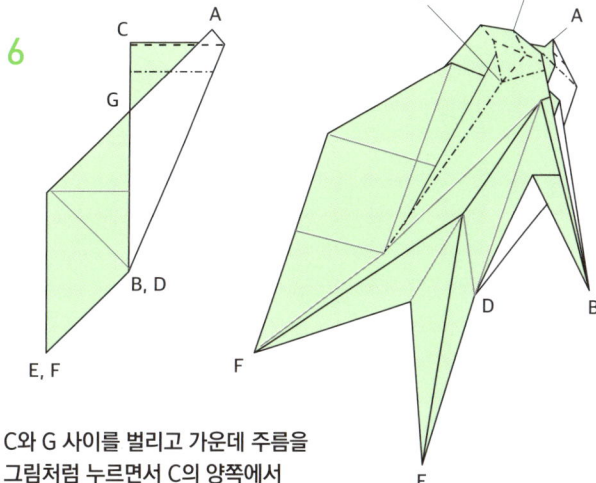

7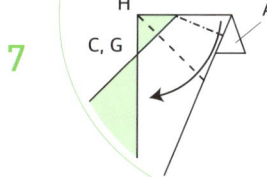

만들어진 선을 이용해 H를 기점으로 앞쪽 한 장을 화살표 방향으로 접어내리고 솟은 부분을 접는다.

삼각형의 기준선을 새로 접는다.

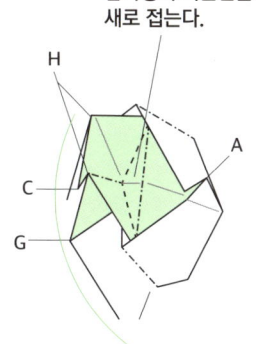

8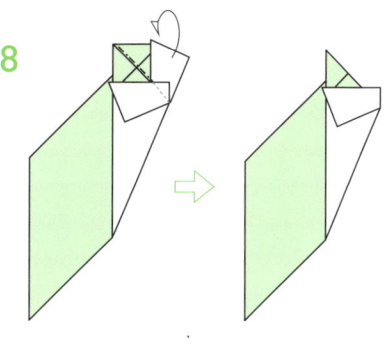

반대쪽을 뒤로 접어넘긴다.

| Step 3 | 마무리 |

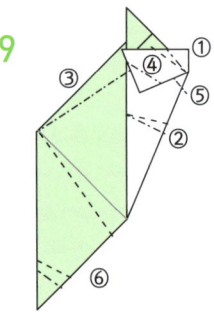

① 눈
앞뒤를 동시에 계단접기 하여 겉면의 색이 나오게 한다. 입 끝을 조금 안으로 접어넣는다.

② 손
계단접기 하여 앞으로 나오도록 한다. 반대쪽도 같은 방법으로 접는다.

③ 등
앞뒤를 안으로 접어넣어 등을 만든다.

④ 볼
앞뒤를 안으로 접어 볼을 작게 만든다.

⑤ 목
앞뒤를 안으로 접어넣어 가늘게 만든다.

⑥ 다리
계단접기 하여 다리와 허벅지를 만든다. 반대쪽도 같은 방법으로 접는다.

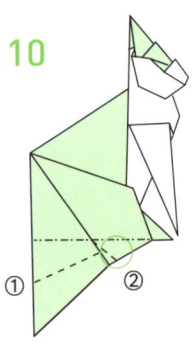

여기부터는 꼬리 접기의 예

① 앞뒤를 동시에 계단접기 한다.
② ○ 부분을 안쪽으로 접기 한다. 반대쪽도 같은 방법으로 접는다.

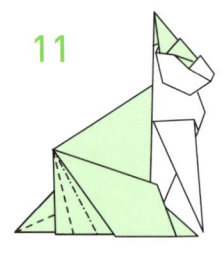

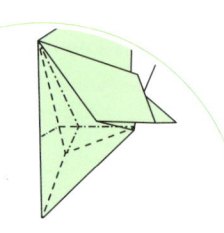

꼬리를 가늘게 접는다 (접는 선은 그림 참고). 기준선을 잘 보며 앞뒤를 동시에 접는다.

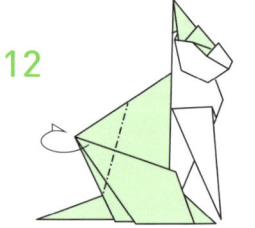

앞뒤 등을 안으로 접어넣는다.

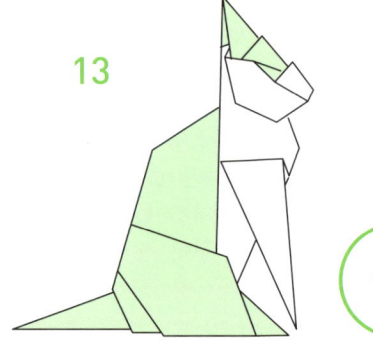

완성

060 장미

Rose

창작 ▶ 사토 아쓰야　　추천 사이즈 ▶ 20cm×20cm

마무리를 어떻게 하느냐에 따라 다양한 분위기가 연출되는 작품이니 마음에 드는 모양을 찾을 수 있도록 여러 번 도전해 보자.

전개도

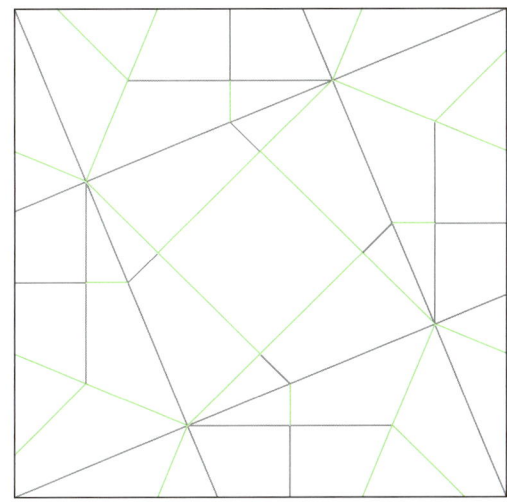

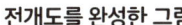

전개도를 완성한 그림

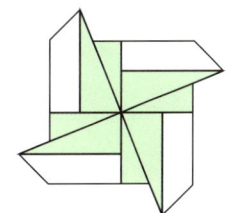

Step 1 기준선 만들기

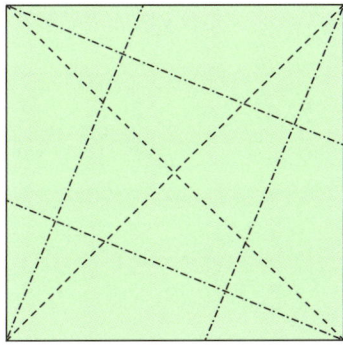

1

먼저 대각선을 접고, 그 기준선을 이용해 22.5도 기준선을 접는다.

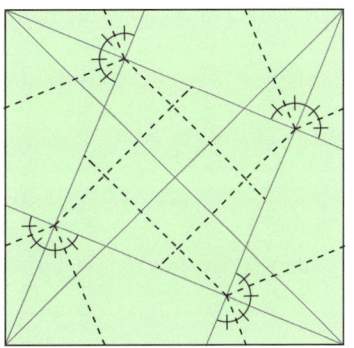

2

기준선의 교점에서 각의 2등분선과 22.5도 기준선을 접는다.

077

3

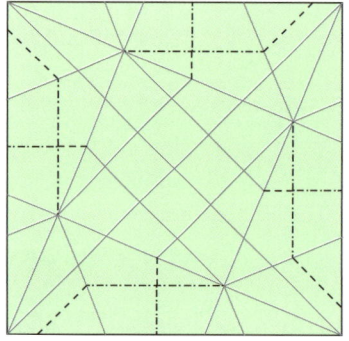

기준선과 가장자리에
수직·수평 기준선을 접는다.

Step 2 접기

4

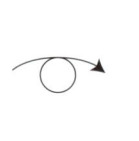

순서 1에서 접은 22.5도 기준선을 따라
접는다.

5

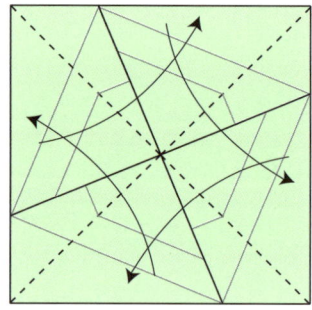

윗장을 화살표 방향으로 접는다.

6

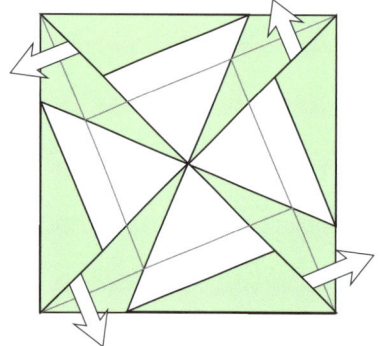 ⇨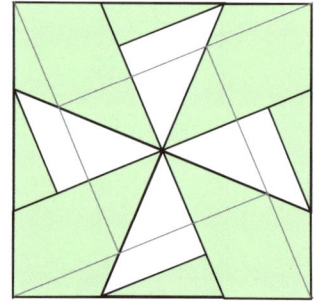

아래 종이를 꺼내 오른쪽 그림처럼
접는다.

이 같은 형태가 된다.

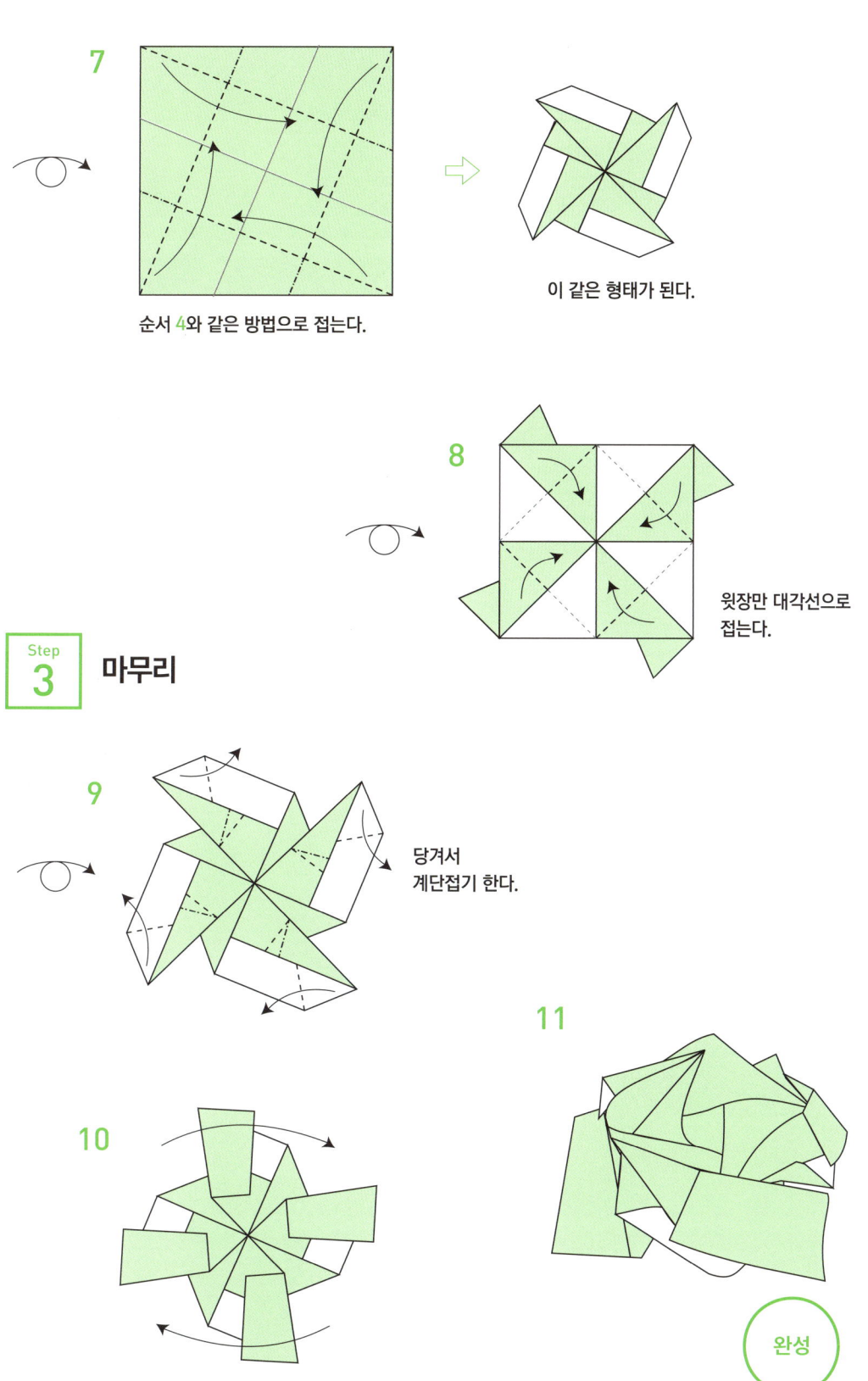

종이접기 IQ 070

마룡

Demonic Dragon

창작 ▶ 나가야마 류나   추천 사이즈 ▶ 50㎝×50㎝

발가락과 날개, 뿔 등 필요한 부분을 모두 표현하면서 비교적 쉽게 접을 수 있는 용을 목표로 창작했다. 마무리 이후의 과정은 하나의 예이므로 자유롭게 응용해 보면 재미있을 것이다.

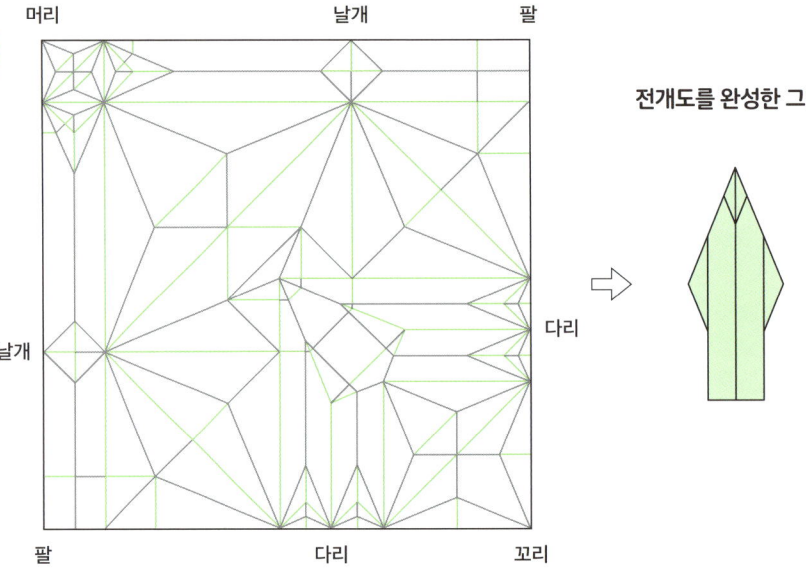

Step 1 기준선 만들기

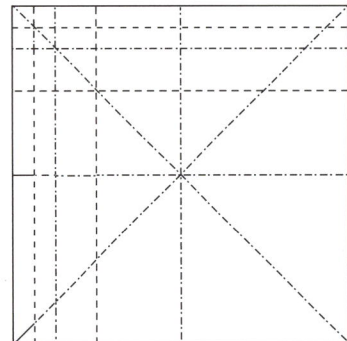

가로, 세로, 대각선을 2등분하고 다시 4등분, 8등분, 16등분하여 기준선을 접는다.

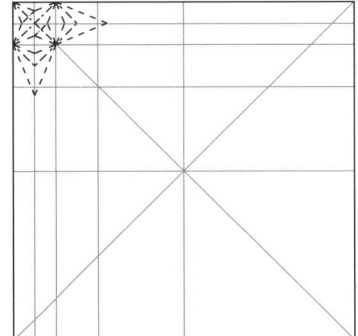

안쪽의 기준선과 종이의 가장자리를 맞추어 그림과 같이 접는다.

3

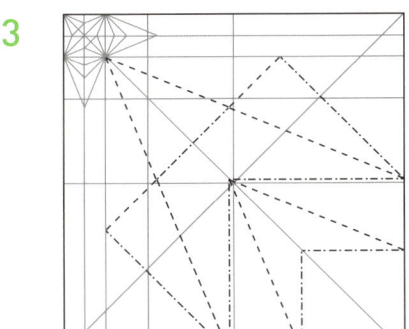

순서 1에서 접은 선을 참고로 2등분하면서
몸통 주변에 기준선을 만든다
(중앙의 중심선과는 조금 어긋난다).

4

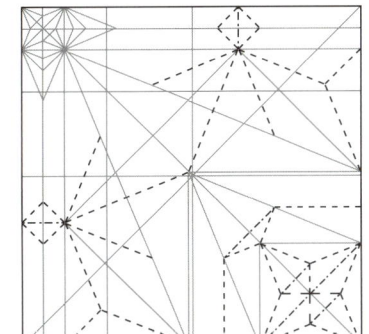

순서 3에서 접은 선을 참고로
다시 2등분하여 기준선을 접는다.

Step 2 | 접기

5

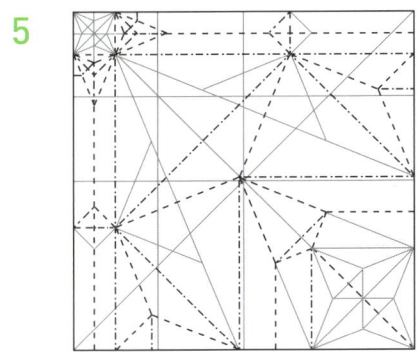

순서 1~4에서 접은 기준선을 참고로
그림과 같이 접어 나간다.

6

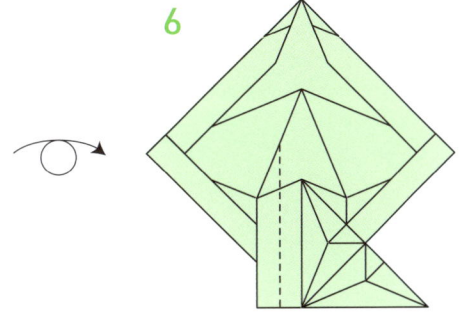

가장자리와 기준선에 맞추어
그림과 같이 접는다.

7

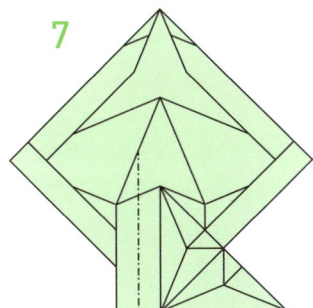

순서 6에서 접은 기준선으로
함몰접기 한다.
오른쪽도 같은 방법으로 접는다.

8

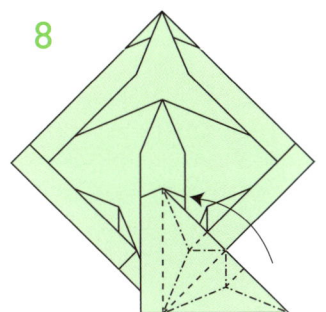

만들어 둔 기준선을 따라
접는다.

9

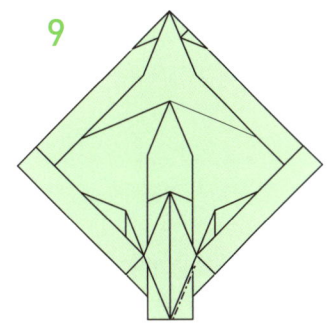

가장자리를 따라
안쪽으로 접기 한다.

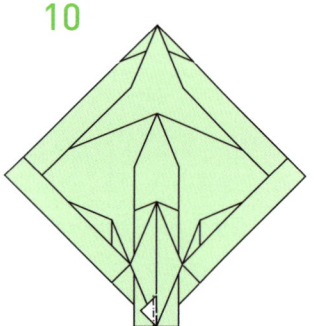

10

순서 9에서 튀어나온 부분을 가장자리를 따라 안쪽으로 접기 한다.

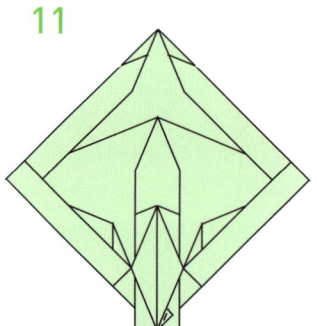

11

순서 10에서 튀어나온 부분을 가장자리를 따라 안쪽으로 접기 한다.

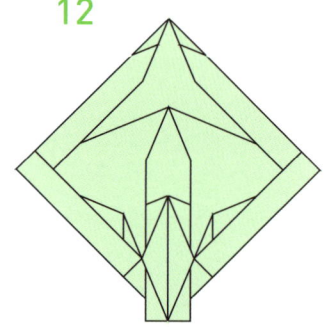

12

왼쪽, 그리고 아래층의 양쪽 가장자리도 순서 9~11과 같은 방법으로 접는다.

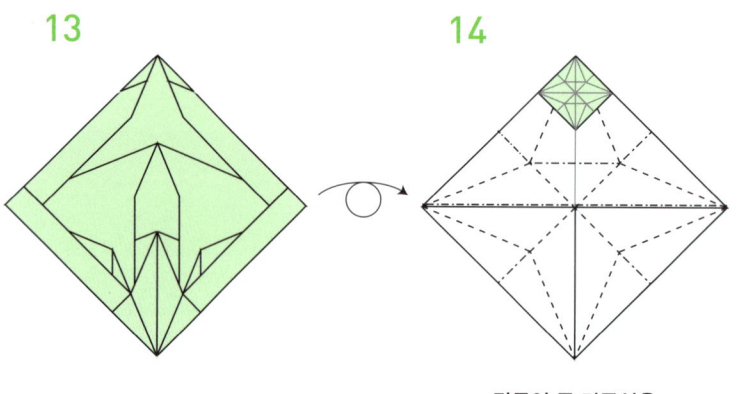

13

14

만들어 둔 기준선을 참고로 접어 나간다.

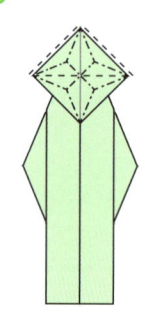

15

만들어 둔 기준선을 따라 접는다.

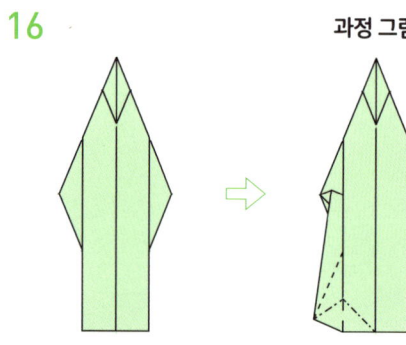

16

과정 그림

뒤쪽 층의 종이를 꺼내어 오른쪽 그림을 참고하며 모아접는다.

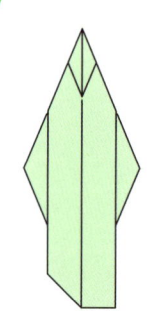

17

반대쪽도 순서 16과 같은 방법으로 접는다.

18

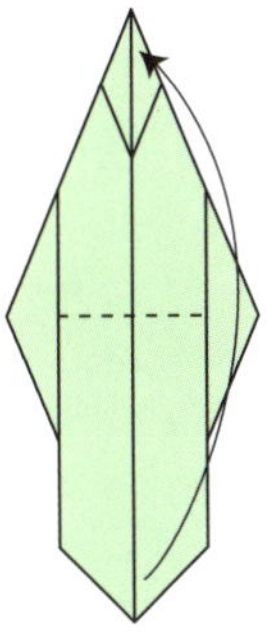

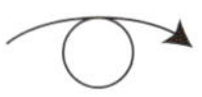

최대한 벌릴 수 있을 때까지
좌우 두 개의 모서리를
위로 접어올린다.

19

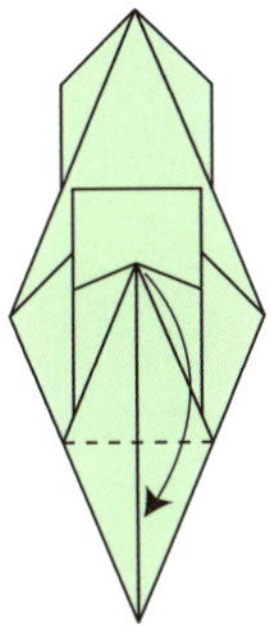

모서리를 아래로
접어내린다.

20

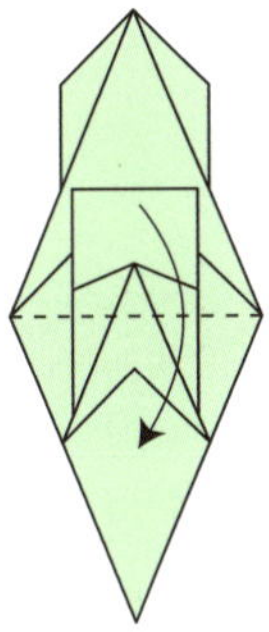

아래로 접어내린다.

21

중심선을 따라 반으로 접고
90도 회전시킨다.

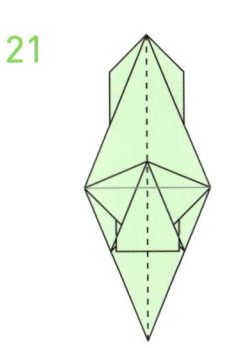

Step 3 마무리

22

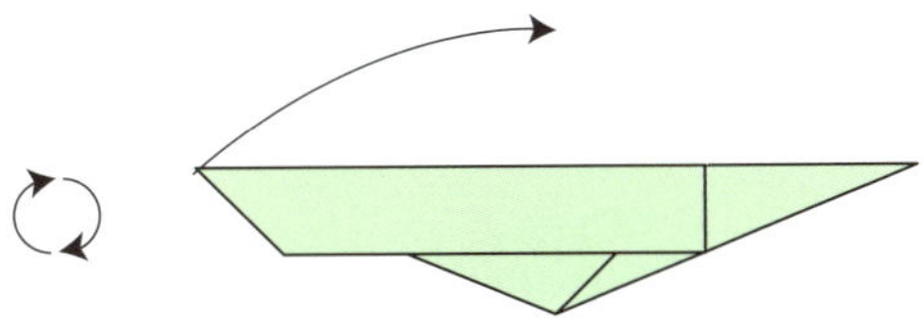

순서 18에서 위로 접어올린 모서리를
다음 그림의 위치까지 이동시킨다.

23

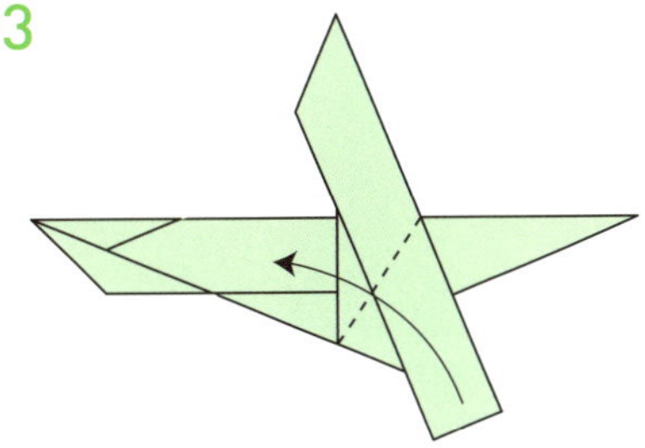

가장자리에 맞추어 접어넘긴다.

24

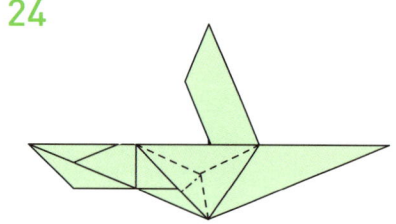

토끼귀접기 한다.

25

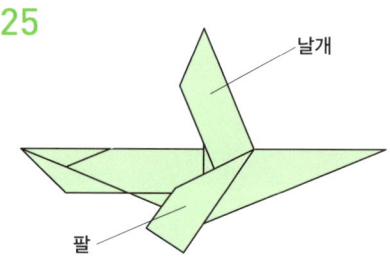

날개와 팔 사이의 겹쳐진 부분을
팔의 종이를 앞으로 움직여 분리한다.

26

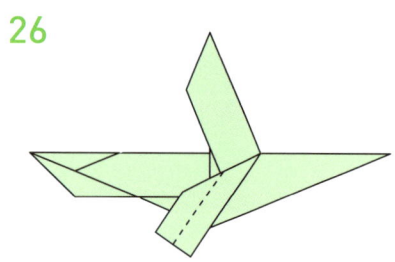

기준선을 접었다 편다.

27

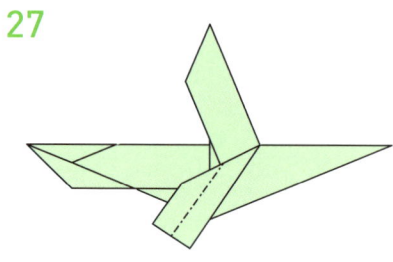

기준선을 따라 함몰접기 한다.

28

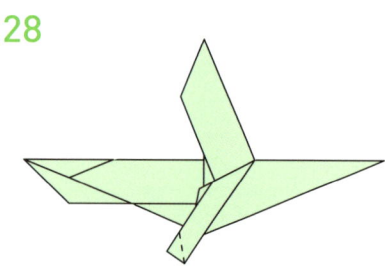

가장자리와 가장자리를 맞추어
기준선을 접었다 편다.

29

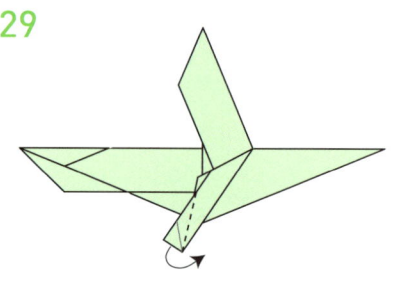

순서 28에서 만든 기준선과
가장자리를 맞추어 기준선을 접고
그 선을 안쪽으로 접기 한다.

30

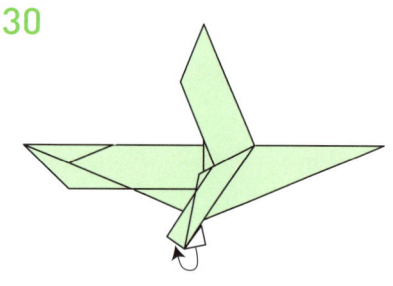

안쪽으로 접기 한다.

31

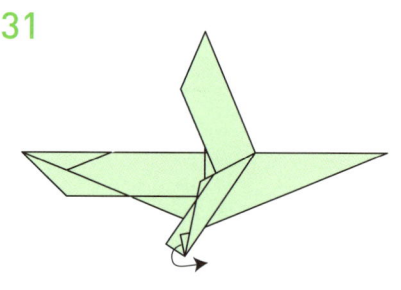

안쪽으로 접기 한다.

32

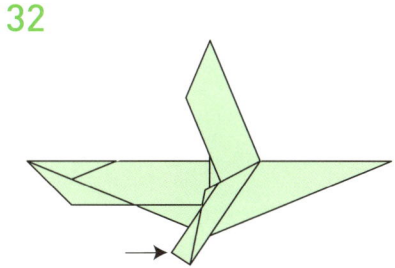

뒤쪽도 순서 28~31과 같은 방법으로 접는다.

33

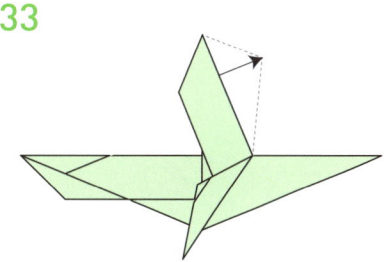

모서리의 뒤쪽 종이를 당겨서 접는다.

34

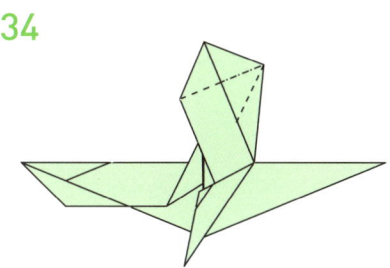

그림과 같이 기준선을 접고 그것을 이용해 모서리를 접어내린다.

35

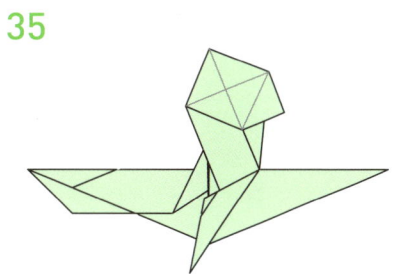

반대쪽 날개도 순서 22~34와 같은 방법으로 접는다.

36

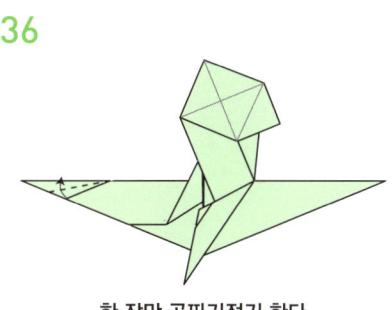

한 장만 골짜기접기 한다.

37

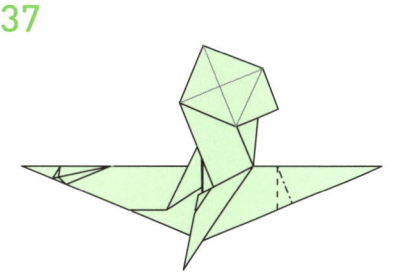

뒷다리 부분을 계단접기 한다.

38

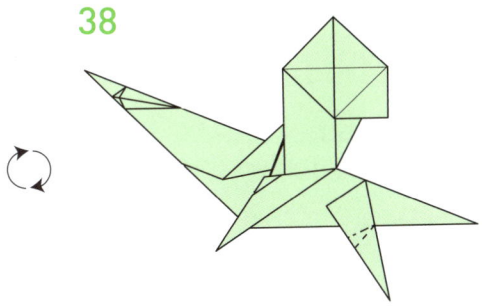

무릎을 앞뒤 양쪽에서 동시에 계단접기 한다.

39

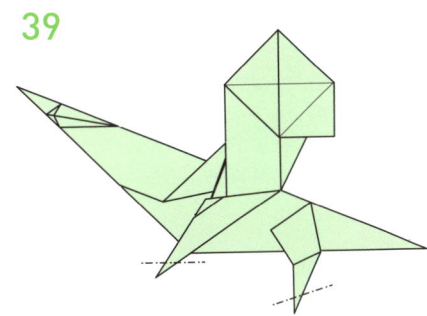

발가락 부분을 모두 안쪽으로 접기 한다.

40

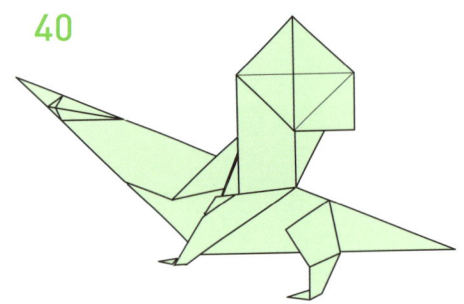

반대쪽도 순서 36~39와 같은 방법으로 접는다. 발톱 끝을 접는다.

41

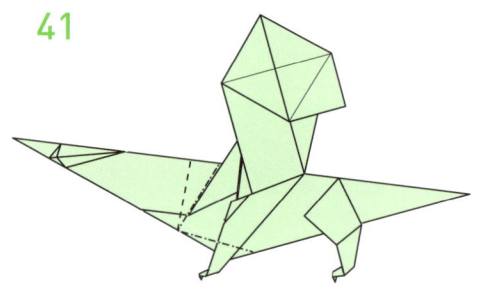

목을 양쪽에서 동시에 계단접기 하고 전체의 형태를 정리한다
(각 세우기, 눈 만들기, 코끝 접기, 입 벌리기).

42

완성

종이접기 IQ 075 목숨 수

寿

창작 ▶ 요코마에 슌야   추천 사이즈 ▶ 15㎝×15㎝ 이상

비대칭 16등분 주름 구조로, 필획의 끝을 뾰족하게 만들어 기필과 종필을 표현했다. 종이 중앙의 내부 모서리를 왼쪽 아래의 삐침으로 이용하는 구조상 우연히 목숨 수의 정자 壽를 연상시키는 입구 자 口 모양의 선이 나타났다.

전개도

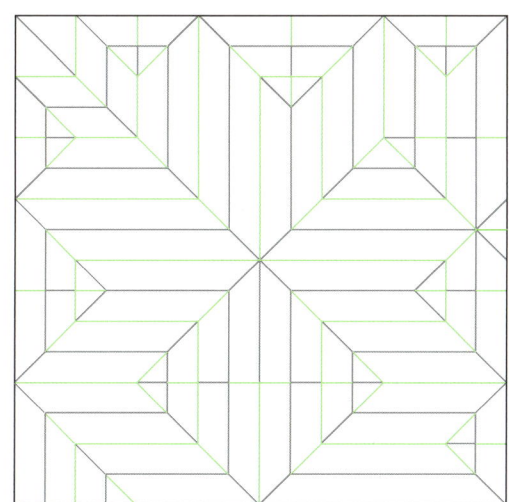

전개도를 완성한 그림

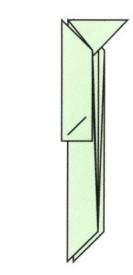

Step 1 기준선 만들기

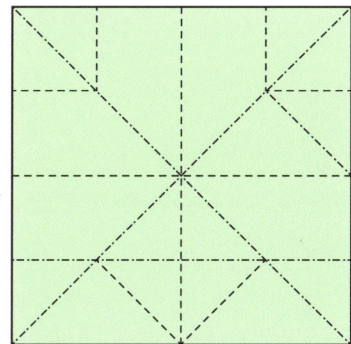

1. 가로세로를 2등분하는 중심선을 접은 후, 4등분하여 그림과 같이 기준선을 접는다.

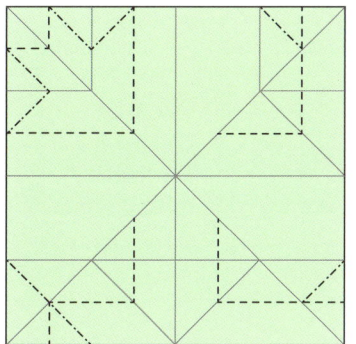

2. 8등분의 간격으로 그림과 같이 기준선을 접는다.

3

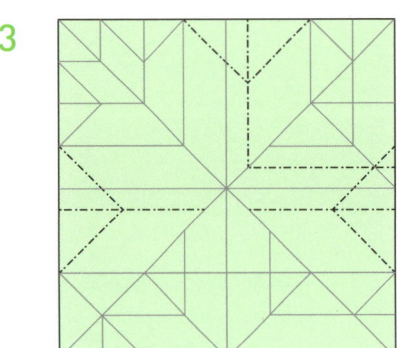

그림과 같이 기준선을 접는다.

4

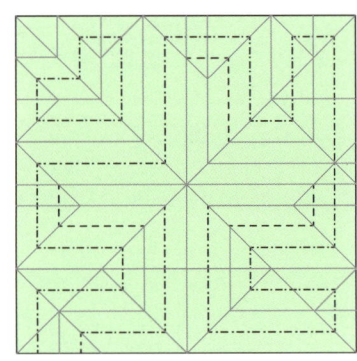

16등분의 간격으로 그림과 같이 기준선을 접는다.

Step 2 접기

5

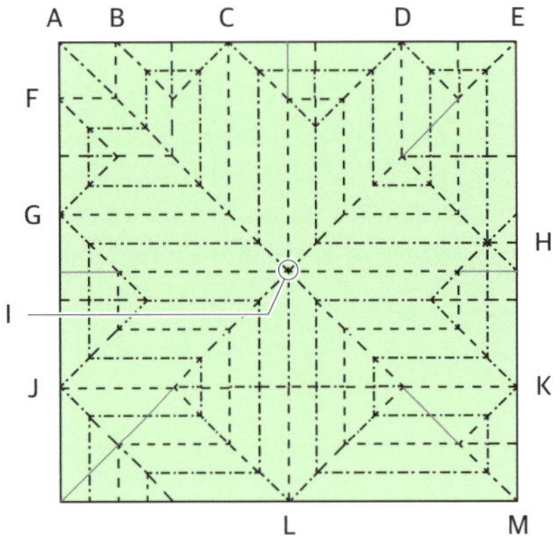

만들어 둔 기준선을 이용해 전체를 접는다.

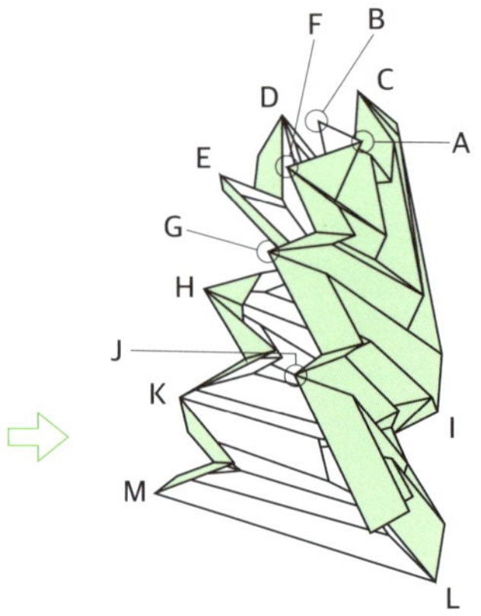

과정 그림

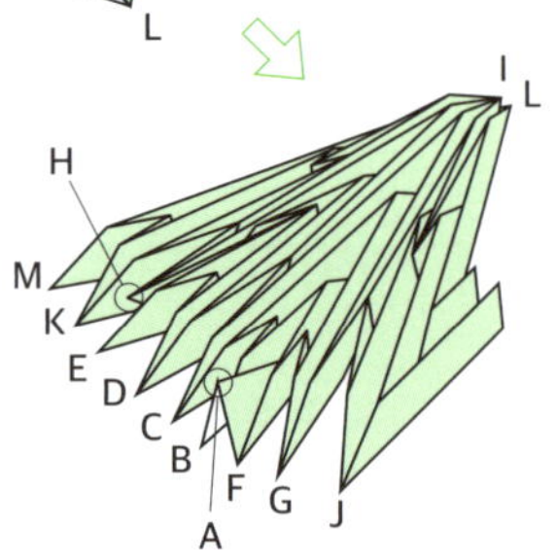

어려울 때는 네 영역으로 나누어 하나씩 순서대로 접는다.

6

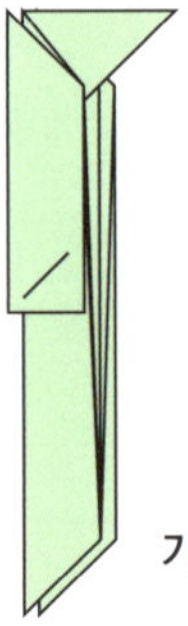

기본형 완성

Step 3 마무리

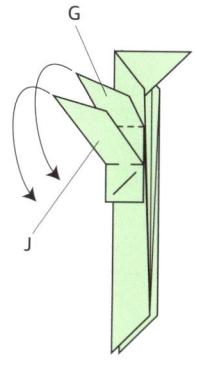

7

앞쪽 두 장 J와 G를
아래로 접어내린다.

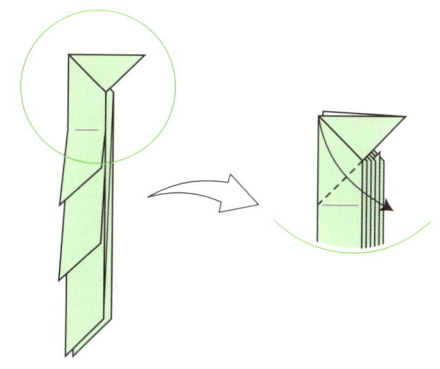

8

화살표 방향으로 넘긴다.

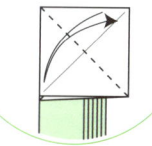

9

모서리와 모서리를 맞추어
기준선을 접었다 편다.

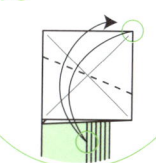

10

가장자리 위에 모서리를 맞추며
정사각형의 중심을 지나는
기준선을 접는다.

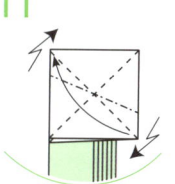

11

양쪽에서 계단접기를
하면서 닫는다.

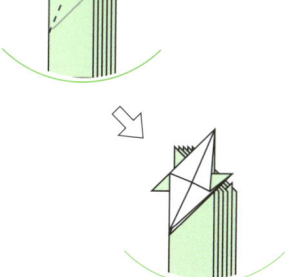

12

가장자리끼리 맞추어
골짜기접기 한다.

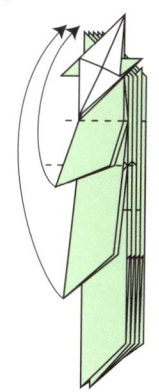

13

앞쪽 두 장을 접어올린다.

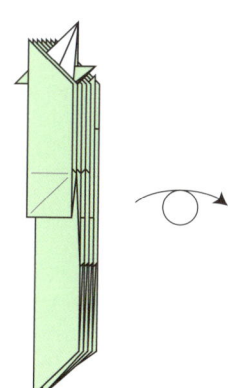

14

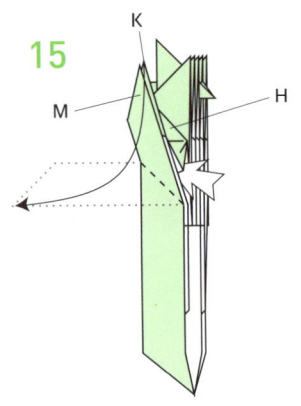

15

K와 H 사이의 밑 부분을
펼쳐 누르며
앞쪽의 M과 K를 접는다.

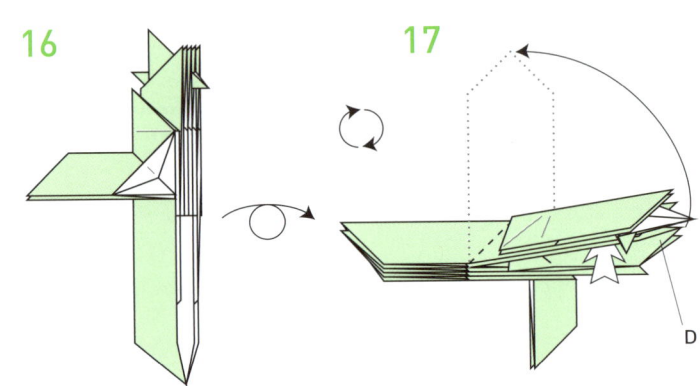

16

17

D의 가운데 틈을 벌리고
평평하게 눌러접는다.

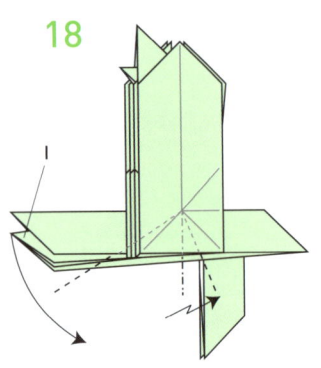

18

I의 밑을 당겨서 계단접기 하며
45도 회전시킨다.

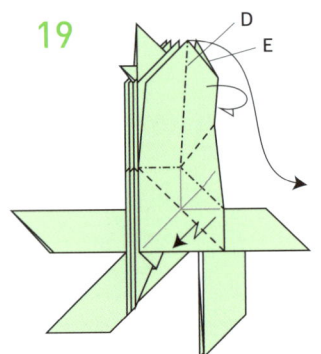

19

D에 E를 끼워
오른쪽으로 접어넘긴다.

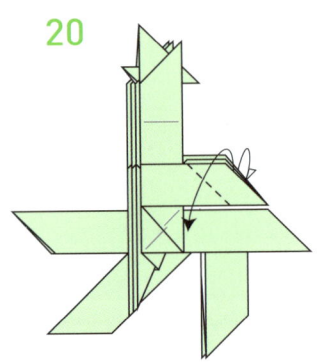

20

바깥쪽 한 장만 밖으로
뒤집어접기 한다.

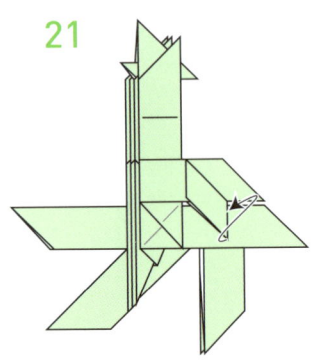

21

밖으로 뒤집어접기 한 부분을
뒤로 보낸다.

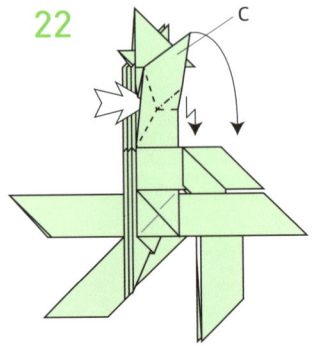

22

C의 밑 부분(⇨)을 벌려
눌러서 접는다.

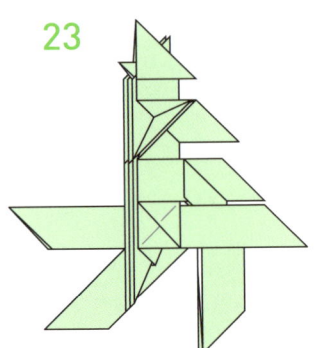

23

24

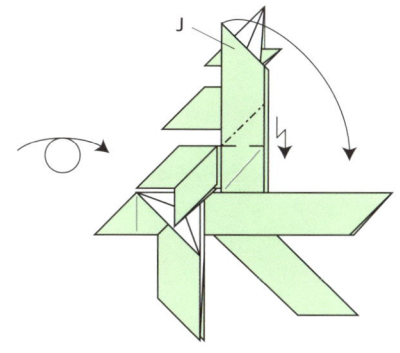

J의 밑 부분을 계단접기 한다.

25

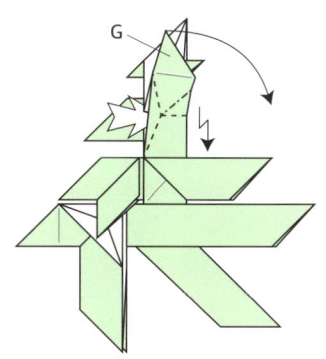

G의 밑 부분(▷)을 벌리고 눌러서 접는다.

26

27

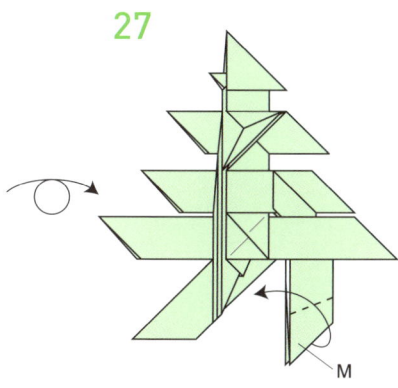

앞쪽의 M만 접어서 넘긴다.

28

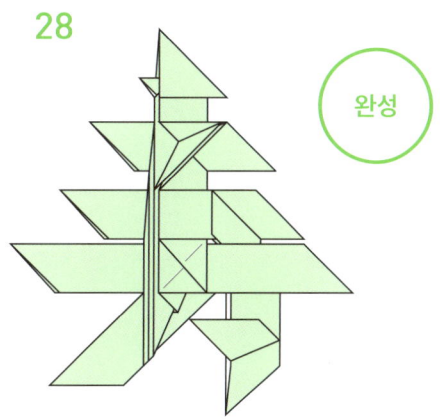

완성

종이접기 IQ 080

버펄로
Buffalo

창작 ▶ 에노모토 마사요시	추천 사이즈 ▶ 35cm×35cm 이상

힘이 세고 무게감 있는 버펄로를 만들기 위해 실제보다 뿔을 조금 길게 하는 등 디자인에 변형을 주었다. 마무리 단계에서 몸통 부분에 계단접기를 하여 작품에 더욱 입체감과 생동감을 주었다.

전개도

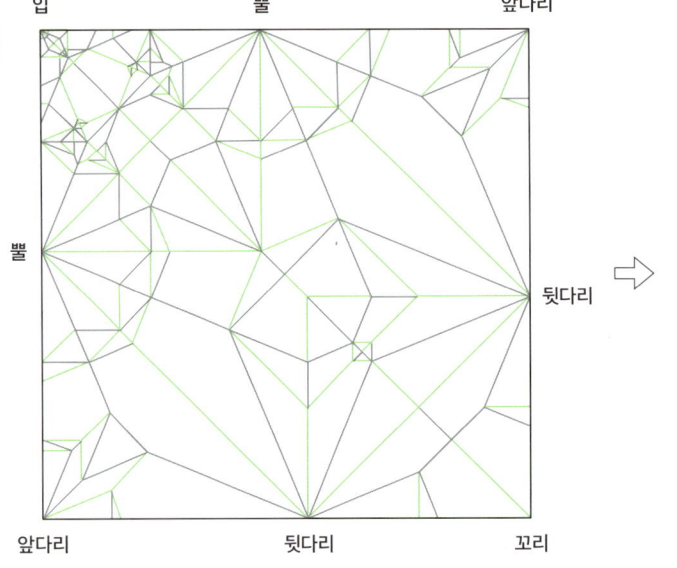

입 / 뿔 / 앞다리 / 뿔 / 뒷다리 / 앞다리 / 뒷다리 / 꼬리

→ 전개도를 완성한 그림

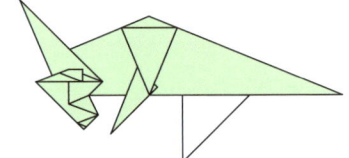

Step 1 기준선 만들기

★ 기준점 만드는 방법 ★

① 대각선으로 중심선을 접는다.
② 오른쪽 가장자리를 중심선에 맞추어 2등분선을 접는다.
③ 세로로 반을 접고 가장자리에 표시한다.
④ ③에서 표시한 점과 오른쪽 위 모서리를 연결하는 기준선을 접는다.
⑤ ②와 ④에서 접은 기준선의 교점을 지나는 위치에서 접는다.
⑥ ⑤를 대각선에 맞추어 접는다.

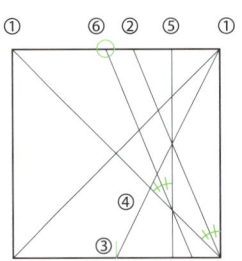

1

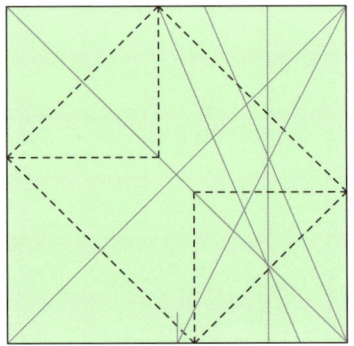

왼쪽의 '기준점 만드는 방법'을 참고로 그림과 같이 기준선을 접는다.

2

순서 1의 기준선을 기준으로
2등분선을 접는다.

3

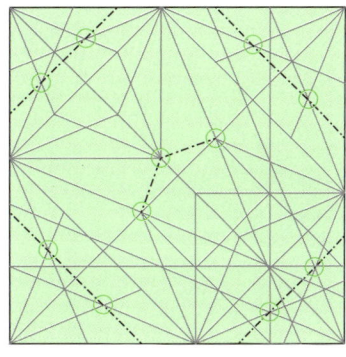

○를 통과하는 선으로 기준선을 접는다.

Step 2 접기

4

만들어 둔 기준선을 이용해 접는다
(○는 새로 접은 선).

5

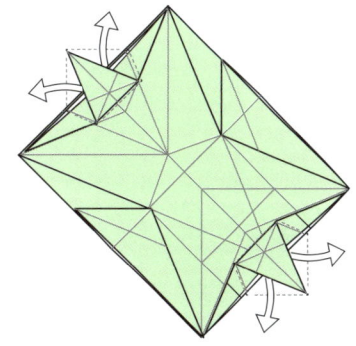

가장자리를 빼낸다.

6

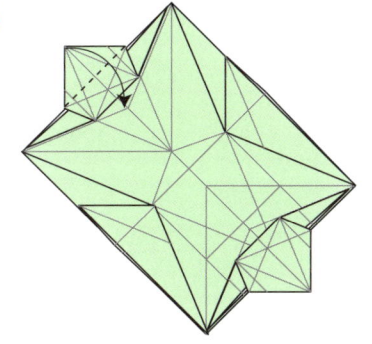

기준선을 이용해 접는다.

7

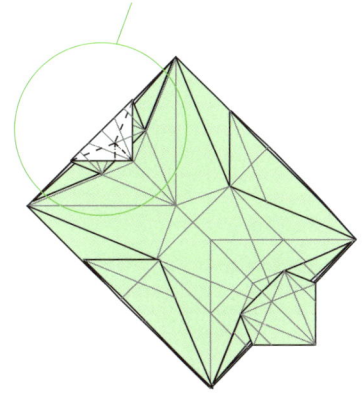

순서 8~14는
이 부분을 확대

모서리를 토끼귀접기 한다.

8

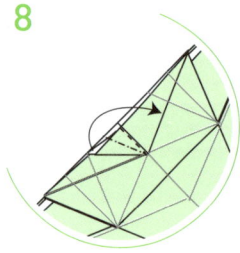

안쪽을 펼쳐 눌러서 접는다.

9

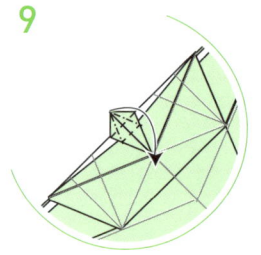

학접기 기본형처럼 접는다.

10

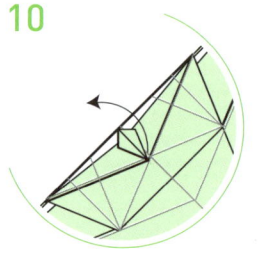

화살표 방향으로 접어넘긴다.

11

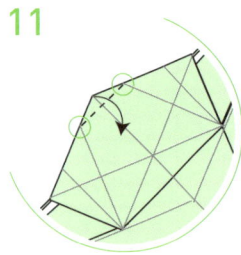

○와 ○를 잇는 선을 이용해 접는다.

12

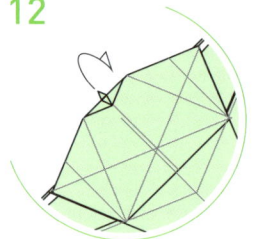

튀어나온 부분을 뒤로 접는다.

13

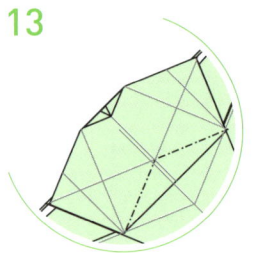

만들어 둔 기준선을 이용해 모든 종이를 한 번 더 접었다 편다.

14

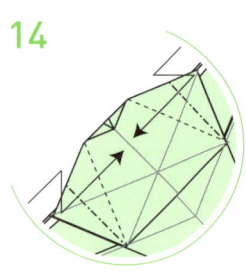

당겨서 계단접기 한다.

15

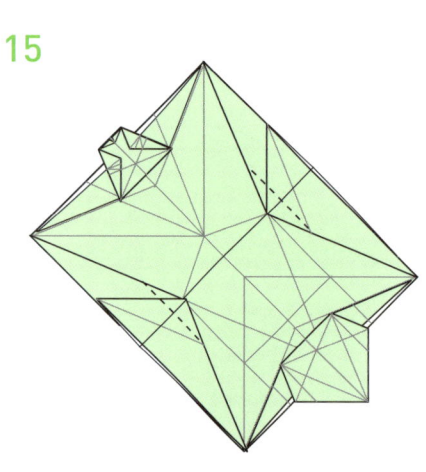

뒤쪽에 접어 놓은 선을 이용해 기준선을 접었다 편다.

16

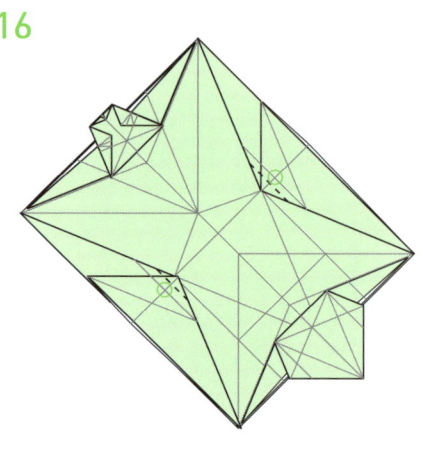

○ 지점에 맞추어 2분의 1 기준선을 접었다 편다.

17

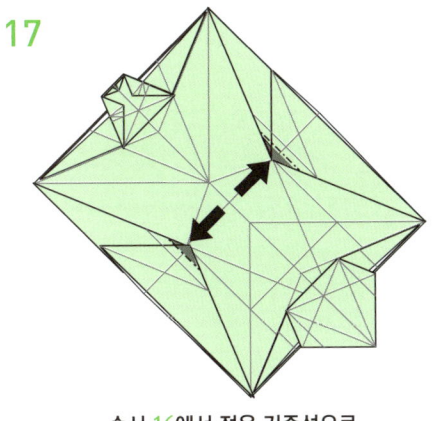

순서 16에서 접은 기준선으로
열린 함몰접기를 한다.

18

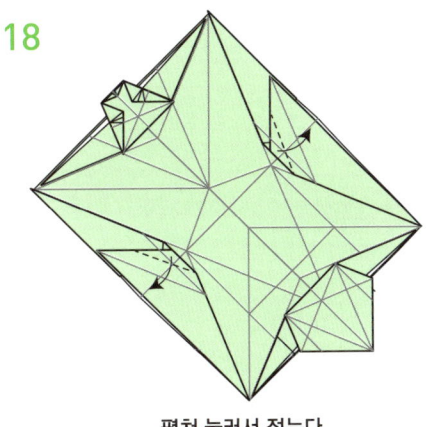

펼쳐 눌러서 접는다.

19

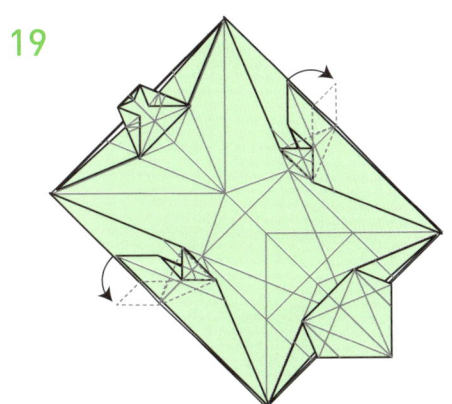

순서 18에서 접은 기준선이 양쪽 대칭으로
산접기선이 되도록 화살표 방향으로
당기듯이 펼쳐 눌러서 접는다.

20

기준선을 이용해
안쪽으로 접기처럼 접는다
(○는 뒷장의 기준선).

21

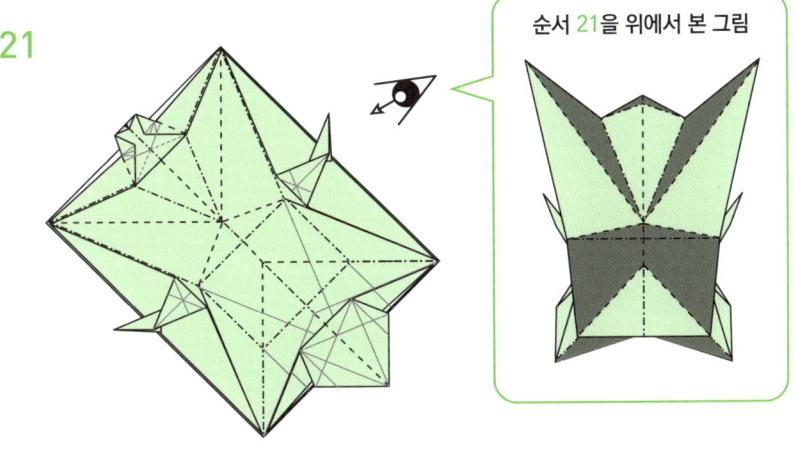

순서 21을 위에서 본 그림

기준선을 이용해 접는다.

22

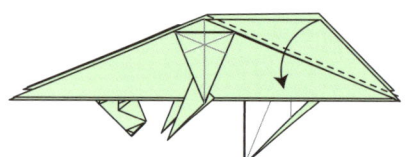

한 장을 골짜기접기 한다.

23

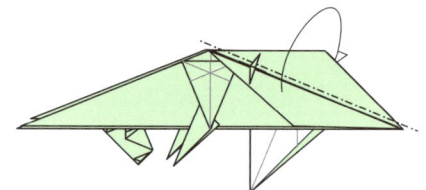

반대쪽도 기준선을 이용해 접는다.

24

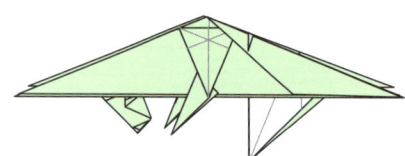

순서 22의 형태로 되돌린다.

25

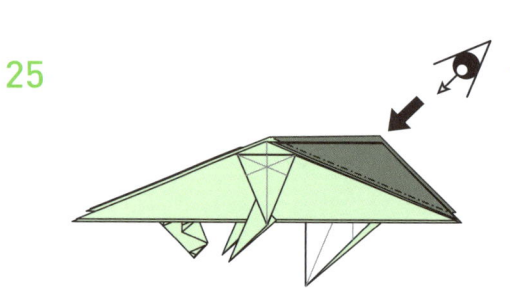

기준선을 이용해 열린 함몰접기 한다.
반대쪽도 같은 방향으로 접는다.

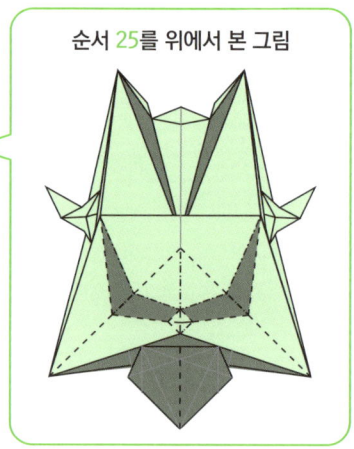

순서 25를 위에서 본 그림

26

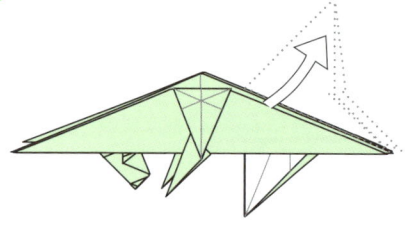

안의 두 장을 꺼낸다.

27

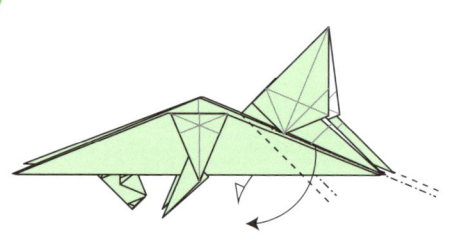

기준선을 이용해
앞장과 뒷장을 접어내린다.

28

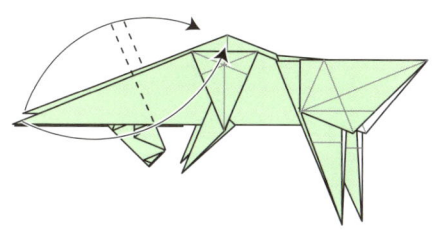

앞장과 뒷장을 접어넘긴다.

29

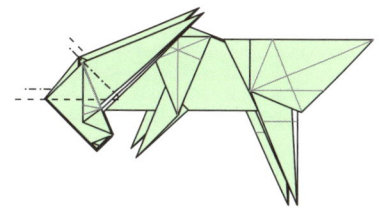

표시선을 잘 보고
앞뒤를 동시에 접는다.

30

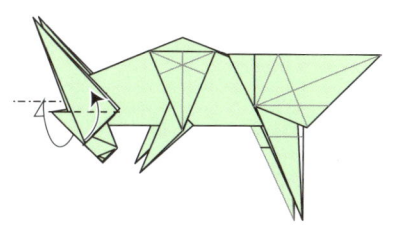

양쪽 모서리를 위로 접어올린다.

31

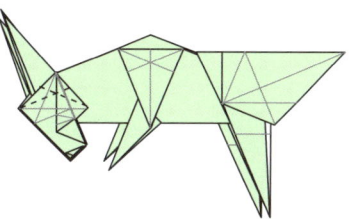

가장자리를 표시선처럼 접어 기준선을 만든다.
반대쪽도 같은 방법으로 접는다.

32

순서 33은
이 부분을 확대

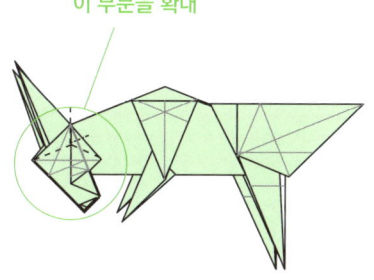

토끼귀접기처럼 집어서 접는다.
반대쪽도 같은 방법으로 접는다.

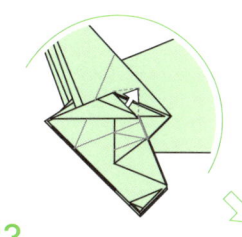

안의 가장자리를
당겨서 접는다.
반대쪽도 같은
방법으로 접는다.

33

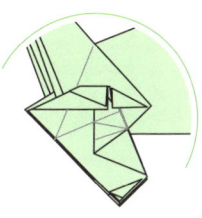

Step 3 마무리

34
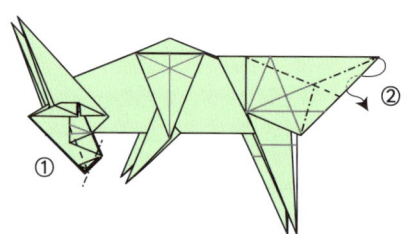

① 얼굴
모서리를 접어
눈을 만든다.
볼을 접어 형태를
다듬는다.

② 꼬리
기준선처럼 접고
순서 35와 같이 되도록
앞뒤를 안으로
접어넣는다.

35
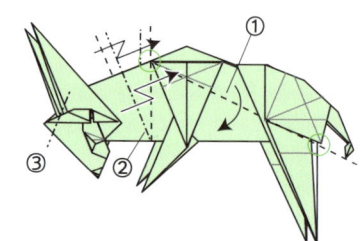

① 몸
○와 ○를 잇는 선으로
윗장을 접어내린다.

② 목
기준선처럼 양쪽에서
계단접기 한다.

③ 머리
안쪽으로 접기를 하여
다듬는다.

36
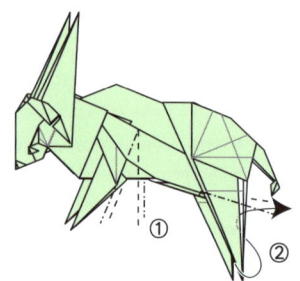

① 몸
그림과 같이 계단접기를
하여 입체적으로 만든다.

② 뒷다리
안쪽으로 접기를 세 번
하고 발끝을 다듬어
순서 37 그림과 같이
만든다.

37

앞다리
벌려서 눌러접는다.

38
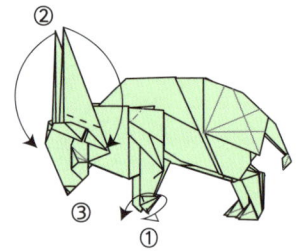

① 앞다리
앞으로 접어 발끝을
만든다. 앞다리가
시작되는 부분의 뒷장
모서리를 뒤로 산접기
하여 고정한다.

② 뿔
둥글린다.

③ 아래턱
꺼내어 다듬는다.

39 완성

종이접기 IQ 085 모사사우루스

Mosasaurus

| 창작 ▶ 우에조노 다이치 | 추천 사이즈 ▶ 25cm×25cm 이상 |

중생대 백악기 바다에 서식한 고대생물이다. 이 작품은, 난이도 높고 복잡한 작품으로 유명한 가미야 사토시의 이름을 따 가미야패턴이라고 불리는 특수 기법을 이용했다. 리얼함보다 종이접기다운 조형미를 목표로 했다.

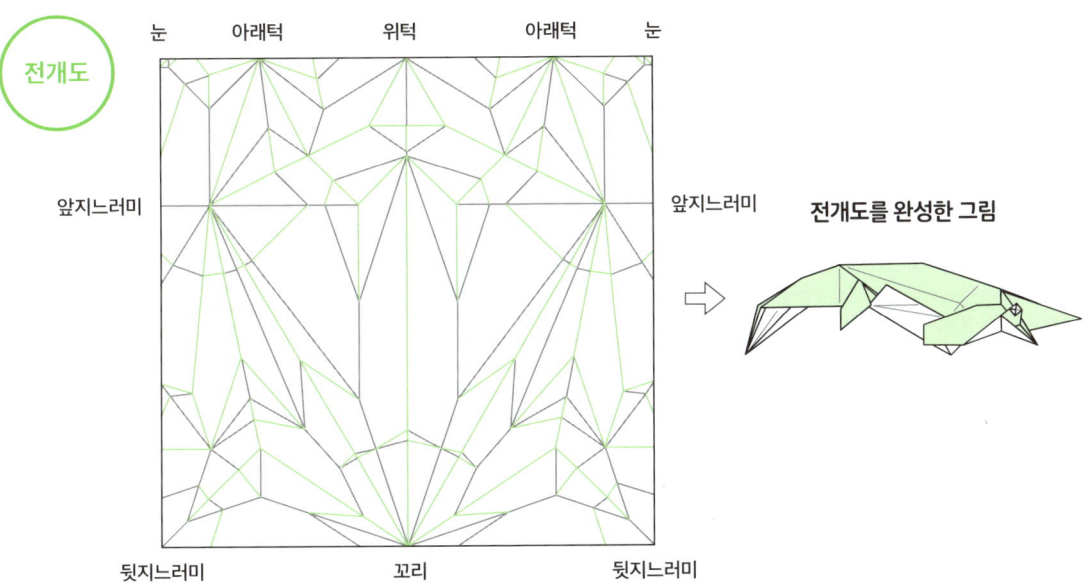

전개도 / 전개도를 완성한 그림

Step 1 기준선 만들기

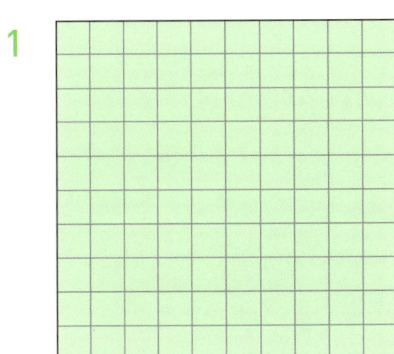

1. 기준이 되는 가로세로 10등분 기준선을 접는다(부채접기).

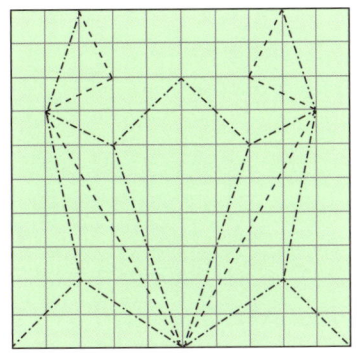

2. 순서 1에서 만들어진 기준점(세로선과 가로선의 교점)에 맞추어 기준선을 접는다.*

* 이것은 가미야 패턴의 기본선이다. 자국만 나도록 잉크가 안 나오는 볼펜과 자를 이용해 선을 그으면 쉽게 그릴 수 있다.

3

순서 2와 같은 방법으로 기준선을 접는다.

Step 2 접기

4

과정 그림

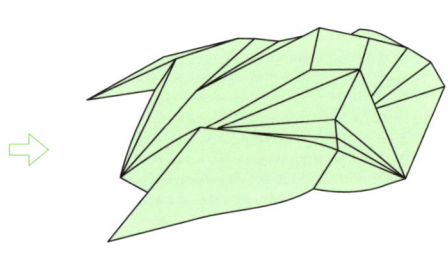

순서 2와 3에서 접은 기준선을 이용해 접는다.

5
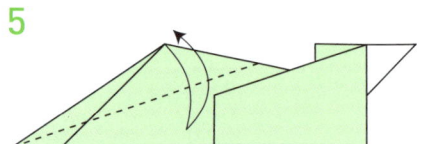
바로 뒤 주름의 높이에 맞추어 앞장에 기준선을 접었다 편다.

6
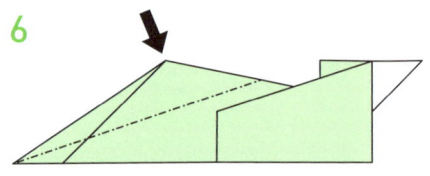
순서 5에서 접은 기준선을 이용해 열린 함몰접기를 한다.

7
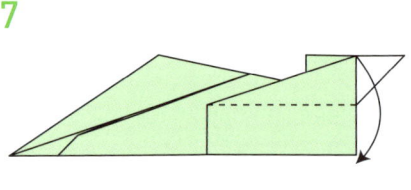
벌려서 눌러접으며 골짜기접기를 한다.

8
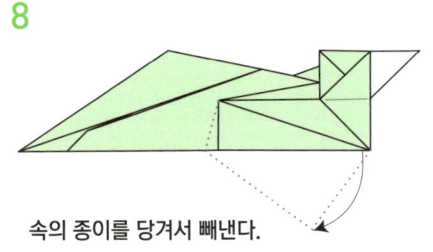
속의 종이를 당겨서 빼낸다.

9

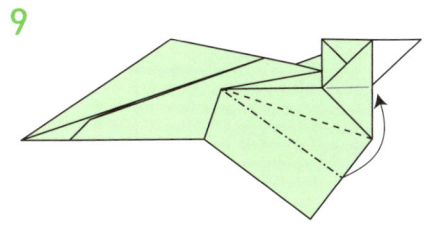

그림처럼 계단접기를 한다.

10

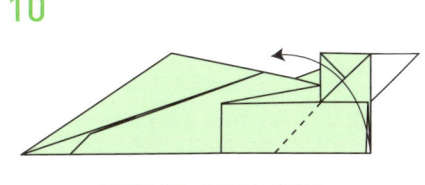

앞쪽에 있는 종이를 모아서 골짜기접기를 한다.

11

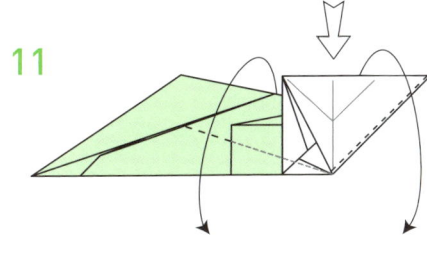

만들어 둔 기준선을 이용해 전체를 펼쳐 접는다.

과정 그림

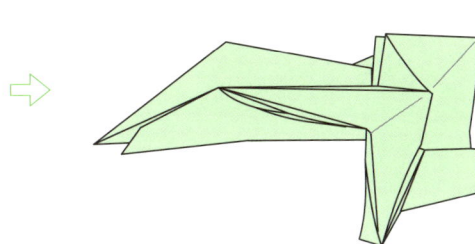

12

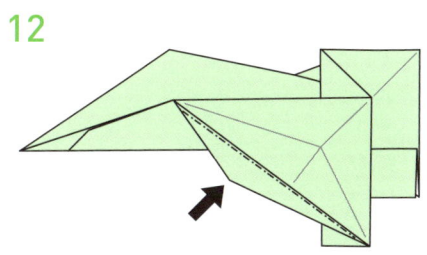

그림과 같이 삼각형 부분의 가장자리에 맞추어 닫힌 함몰접기를 한다.

13

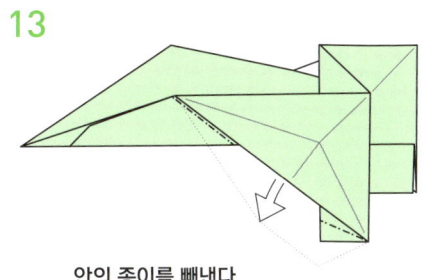

안의 종이를 빼낸다.

14

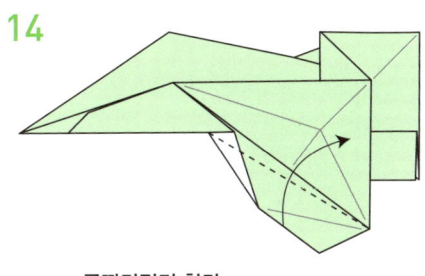

골짜기접기 한다.

15

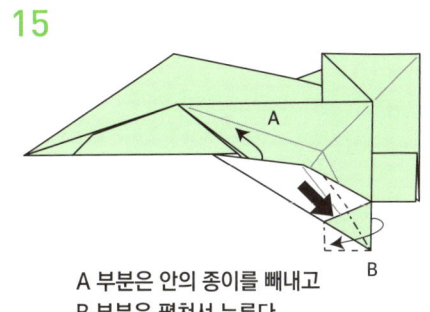

A 부분은 안의 종이를 빼내고
B 부분은 펼쳐서 누른다.

16

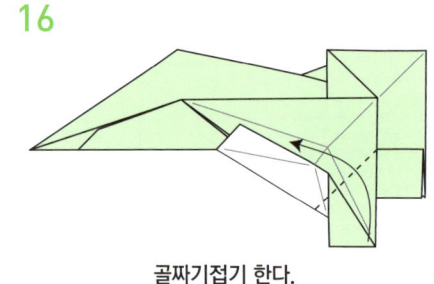

골짜기접기 한다.

17

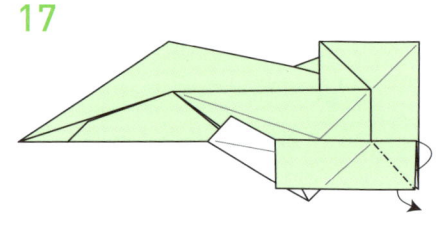

안쪽으로 접기 한다.

18

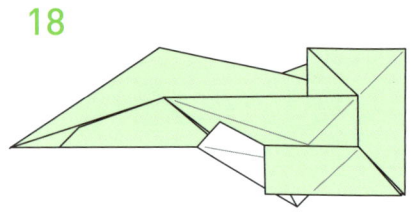

반대쪽도 순서 5~17과
같은 방법으로 접는다.

19

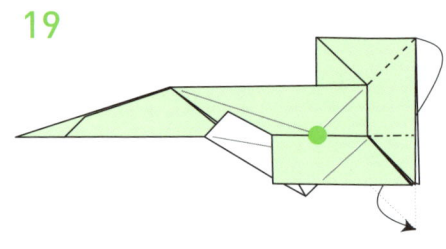

안쪽으로 접기의 요령으로
● 표시한 부분을 중심으로
회전하듯 접는다.

20

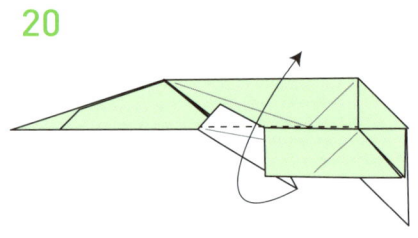

앞쪽 종이를 모아서 접어올린다.

21

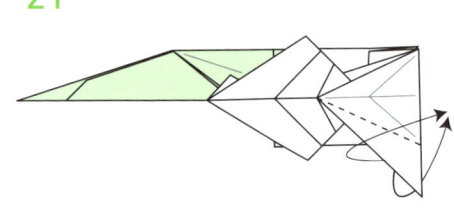

만들어 둔 기준선에 맞추어
밖으로 뒤집어접기 한다.

22

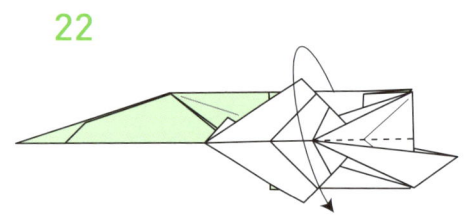

앞쪽 종이를 모아서 접어내린다.

Step 3 마무리

23

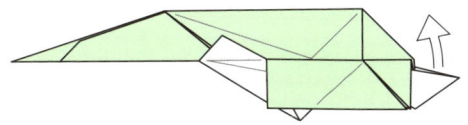

속에 겹쳐 있는 종이를 빼낸다.

24

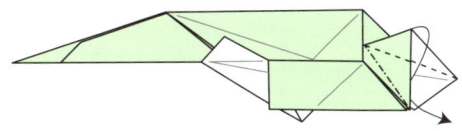

안쪽으로 접기 한다.

25

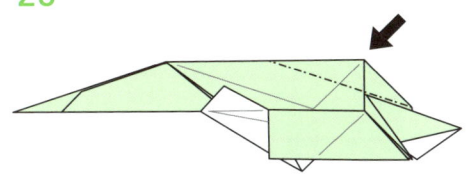

화살표 부분을 닫힌 함몰접기 한다.

26

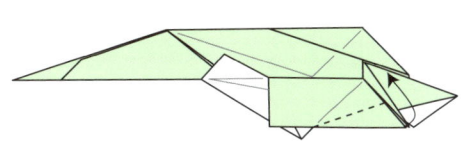

앞쪽 모서리를 골짜기접기 하며 솟은 종이를 누른다.

27

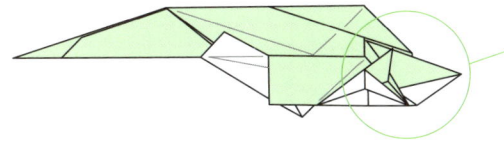

순서 28~30은 이 부분을 확대

28

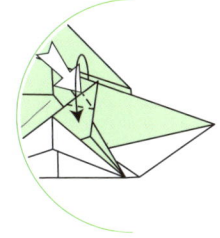

펼쳐서 누른다.

29

앞쪽의 종이 한 장을 골짜기접기 한다.

30

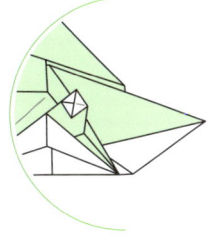

눈이 만들어진다.

31

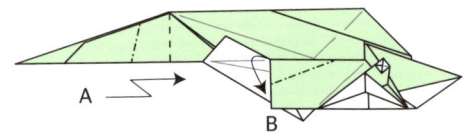

A 부분은 계단접기를 하고
B 부분은 뒤로 산접기 한다.

32

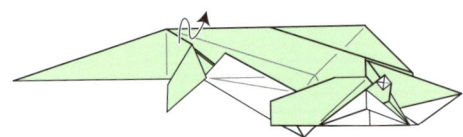

순서 31에서 계단접기 한 부분을
안쪽 주름에 숨긴다.

33

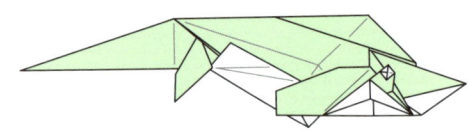

반대쪽도 순서 23~32와
같은 방법으로 접는다.

34

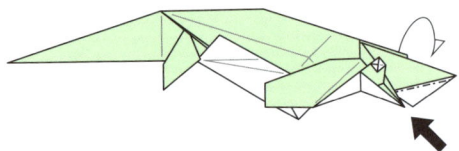

입 부분을 밀어넣듯이 접는다.
머리에 모서리가 나와 있으면 접어넣는다.

35

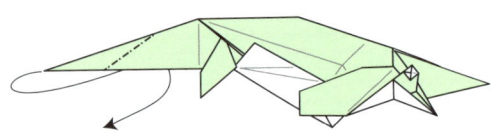

앞에서 두 번째 틈으로
꼬리를 안쪽으로 접기 한다.

36

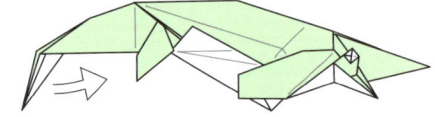

뒤의 한 겹을 빼낸다.

37　　　　　**완성**

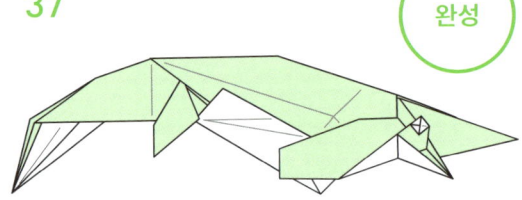

종이접기 IQ 120

광대사마귀새우
Peacock Mantis Shrimp

창작 ▶ 가쓰카와 히가시   추천 사이즈 ▶ 40cm×40cm 이상

테마는 인사이드 아웃. 다리 등 색에 변화를 주고 싶은 부분은 겉과 안의 경계 = 정사각형의 변 위에 두어야 한다. 그리고 다리와 등딱지, 꼬리의 배치에 따라 전체의 균형이 결정된다. 낫 모양의 앞다리를 종이 안쪽에 배치하는 것이 포인트다.

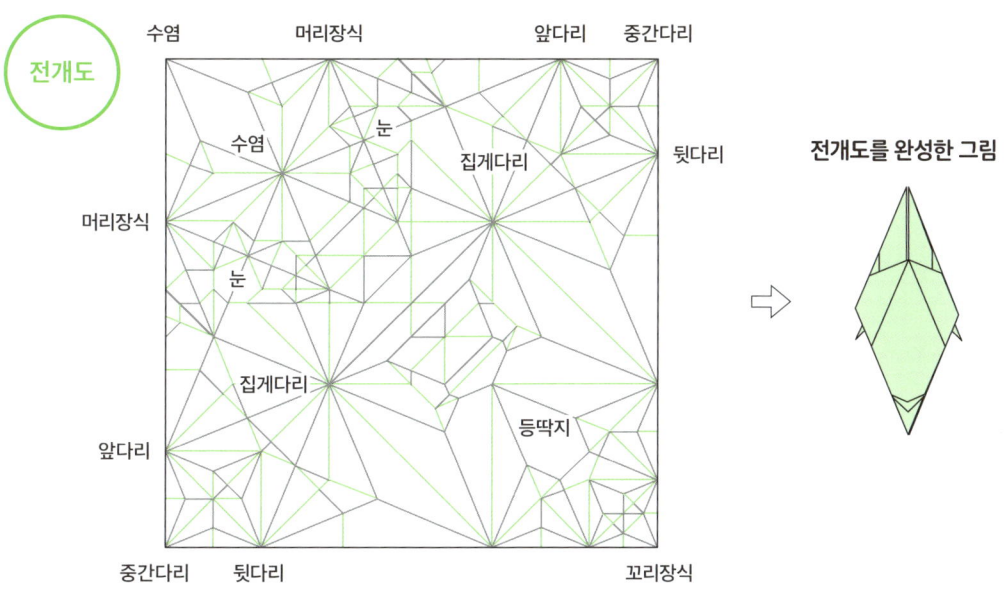

전개도 → 전개도를 완성한 그림

Step 1 기준선 만들기

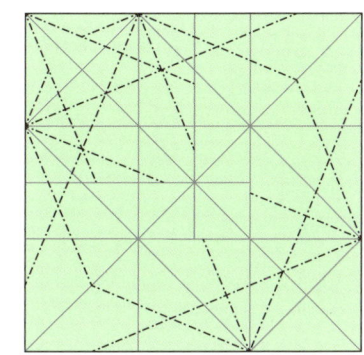

1. 90도·45도 기준선을 접는다.
※ 3등분하는 방법은 57쪽 참조.

2. 순서 1의 기준선을 이용해 22.5도 기준선을 접는다.

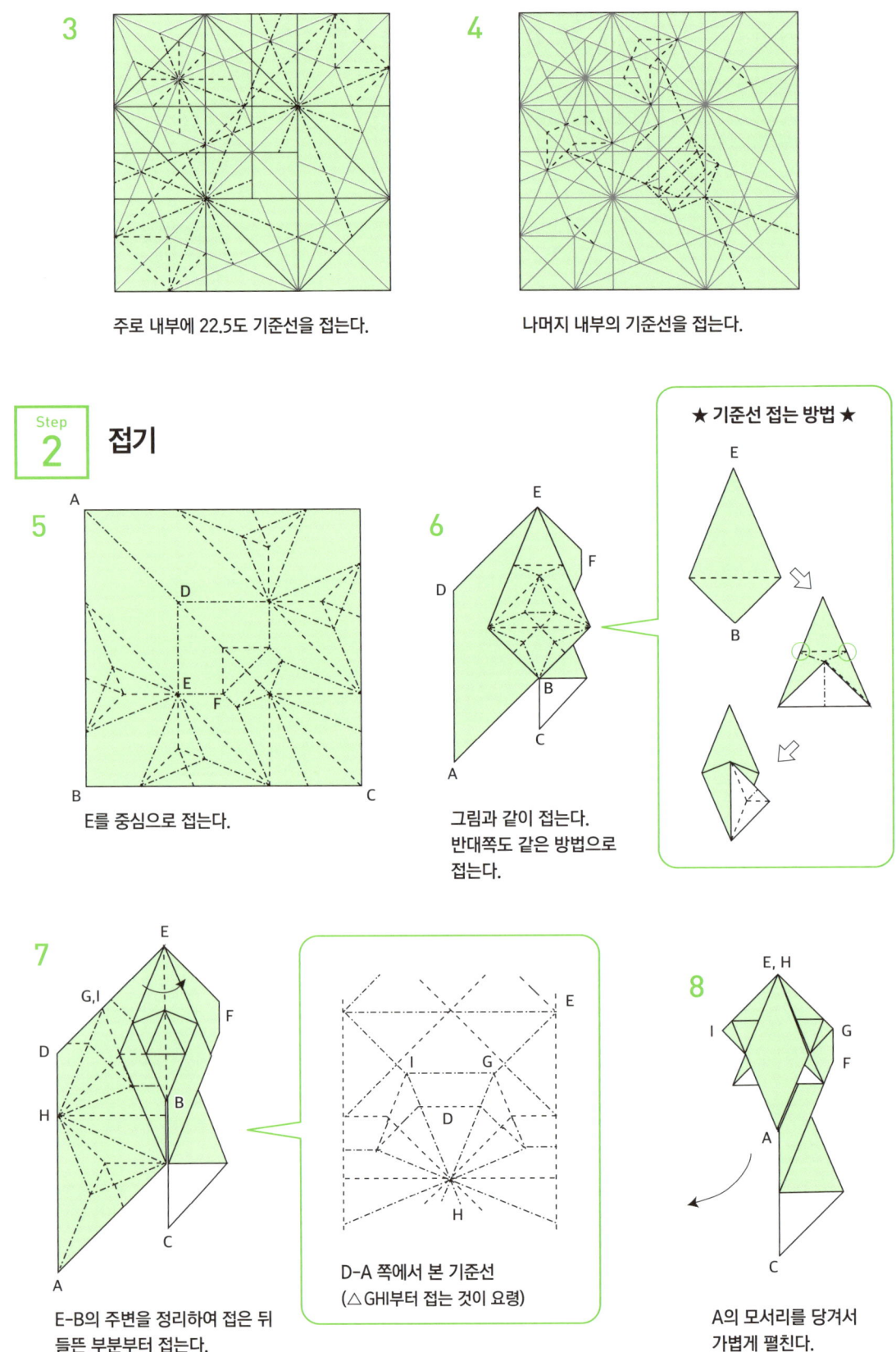

9

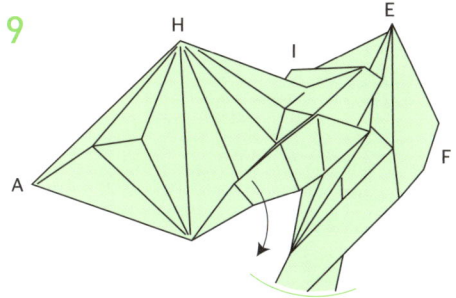

화살표 방향으로 주름을 편다.

10

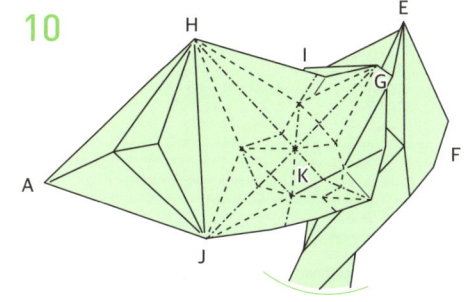

만들어 둔 기준선을 이용해 양쪽을 동시에 진행한다. G, H, J, K를 의식하며 학 기본형으로 접는다.

11

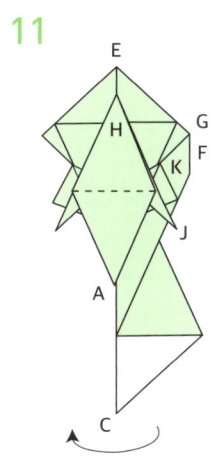

A를 위로 접어올린다.
C를 펼쳐 좌우 대칭을
만들고 뒤집는다.

12

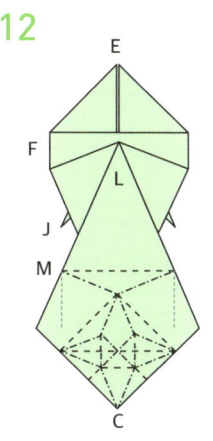

그림과 같이 접는다.
반대쪽도 같은 방법으로
접는다.

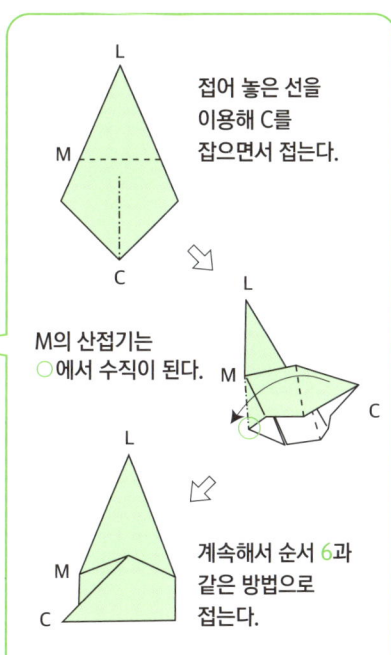

접어 놓은 선을 이용해 C를 잡으면서 접는다.

M의 산접기는 ○에서 수직이 된다.

계속해서 순서 6과 같은 방법으로 접는다.

13

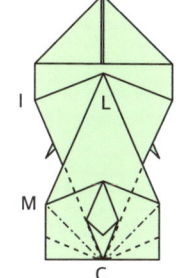

기준선을 모아서 접는다.

14

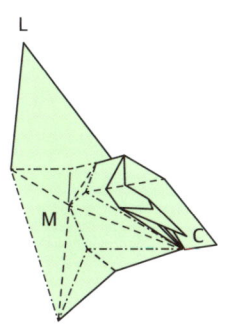

그림과 같이 접는다.

15

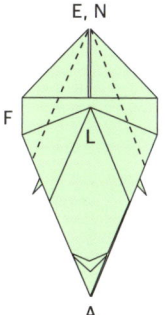

중심선에 맞추어
기준선을 만든다.

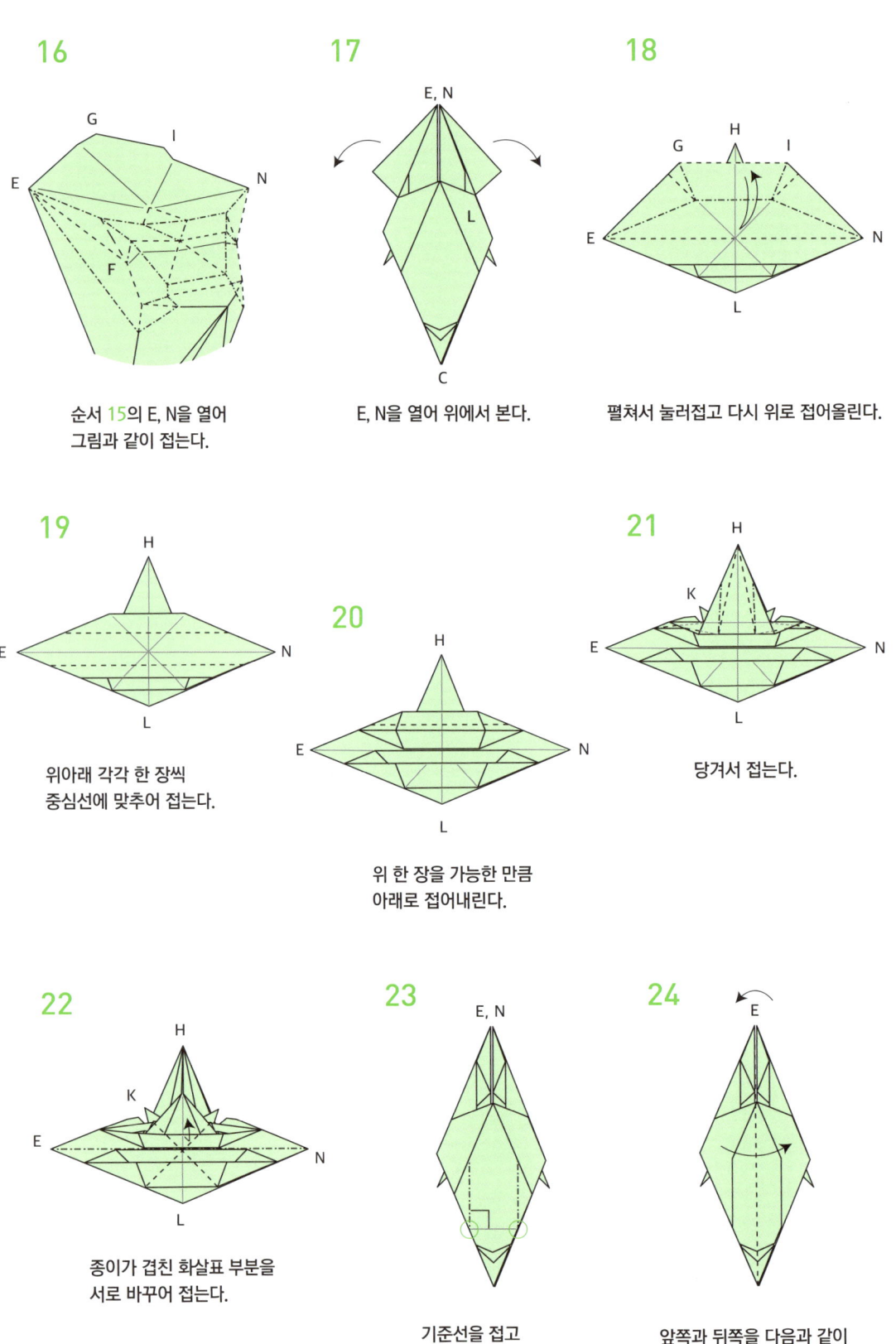

25

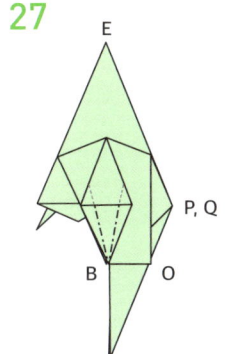

모서리 B를
위로 접어올린다.

26

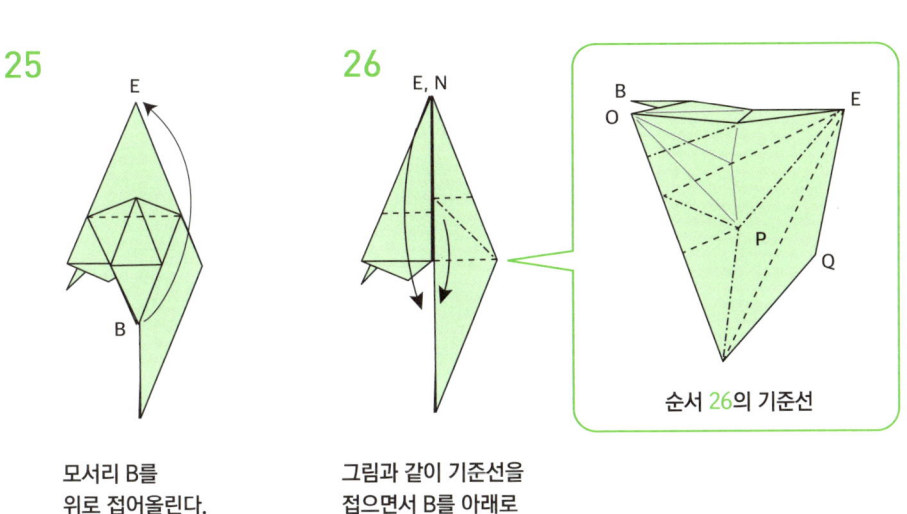

그림과 같이 기준선을
접으면서 B를 아래로
다시 접어내린다.

순서 26의 기준선

27

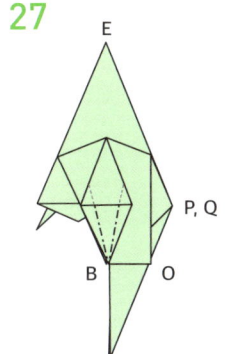

두 곳에서 함몰접기를 하고
다리를 가늘게 접는다.

28

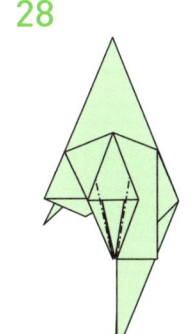

순서 27의 기준선에 맞추어
닫힌 함몰접기를 한다.

29

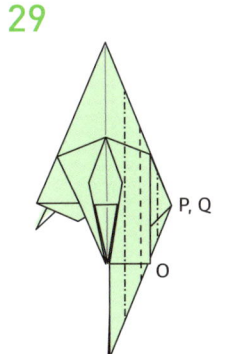

순서 23에서 접은 부분은
제외하고 4등분하여 함몰접기
한다(O는 닫힌 함몰접기,
P는 열린 함몰접기).

30

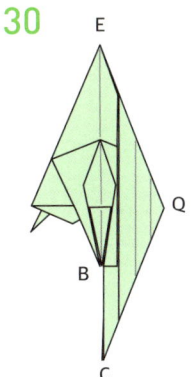

Q를 가볍게 펼친다.

31

필요한 부분만 위에서 본 그림

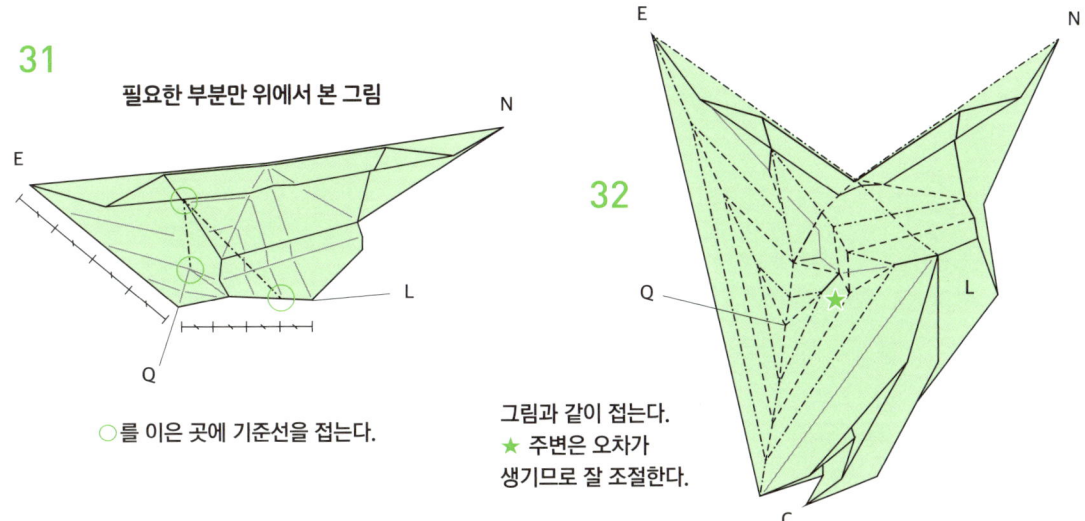

○를 이은 곳에 기준선을 접는다.

32

그림과 같이 접는다.
★ 주변은 오차가
생기므로 잘 조절한다.

33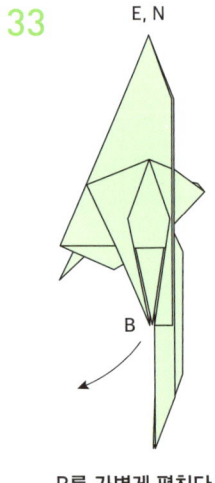
B를 가볍게 펼친다.

34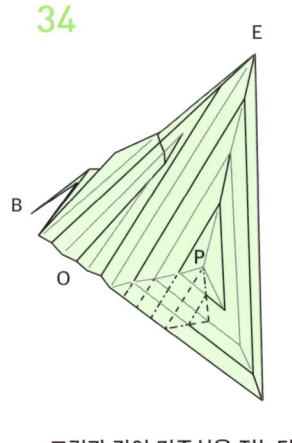
그림과 같이 기준선을 접는다.

35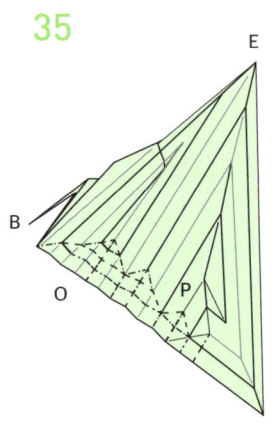
그림의 선을 접으면서 전체를 접는다. O 주변은 오차가 생기므로 잘 조절한다.

36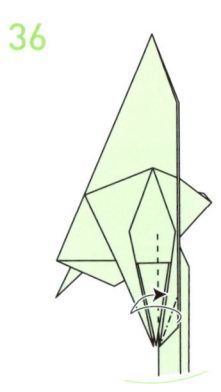
굵은 다리를 한 번 펼쳐 눌러접고 되돌린다.

37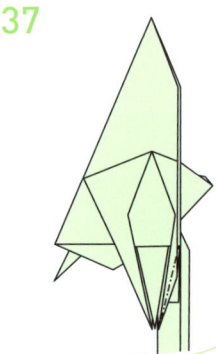
앞장과 뒷장을 조금씩 접어넣어 다리를 좀 더 가늘게 접는다.

38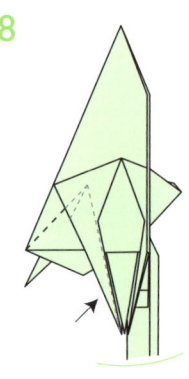
두 장이 겹치는 화살표 부분의 안쪽을 당겨접기 한 후 가늘게 접는다.

39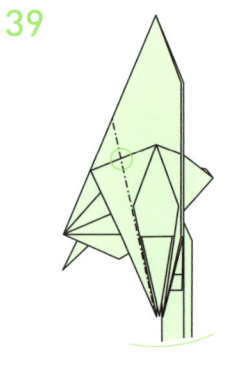
표시선을 열린 함몰접기 하고 ○ 부분은 닫힌 함몰접기 한다.

40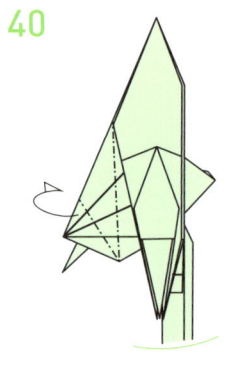
바로 뒤로 접어넘긴다.

41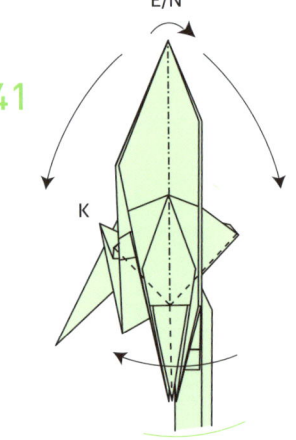
E, N을 아래 부분부터 옆으로 접고 그림과 같이 접어내린다.

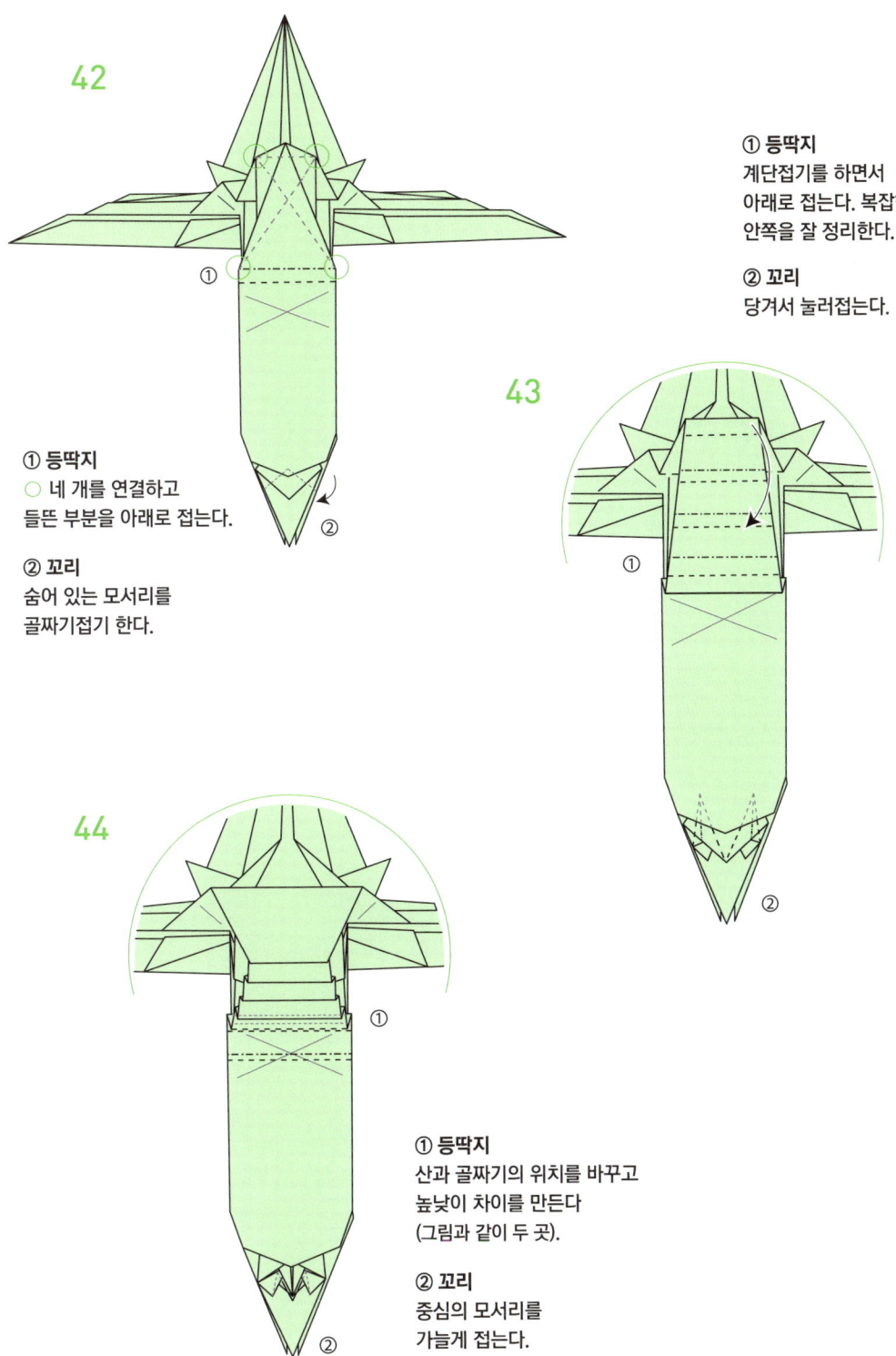

45

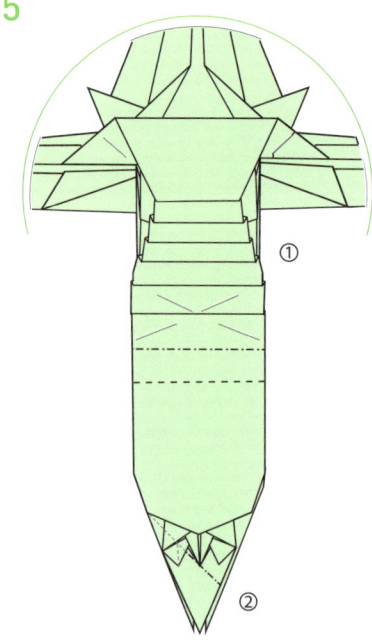

① 등딱지
모든 층을
계단접기 한다.

② 꼬리
윗장을 산접기 한다.

46

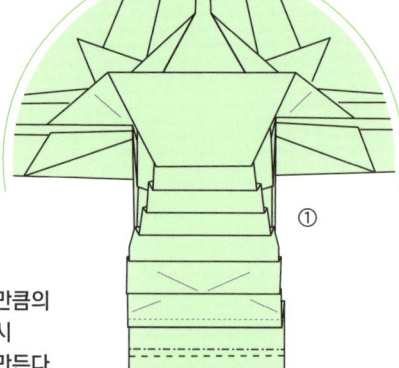

① 등딱지
계단접기를 한 만큼의
폭을 이용해 다시
높낮이 차이를 만든다.

② 꼬리
산접기 한다.

47

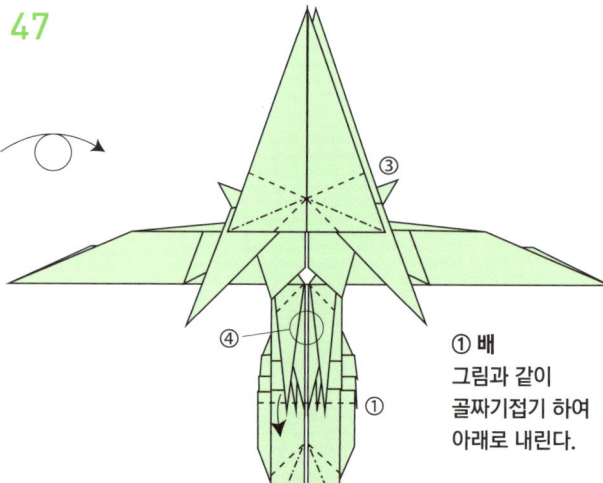

① 배
그림과 같이
골짜기접기 하여
아래로 내린다.

② 꼬리
좌우 양쪽을 펼쳐
눌러접는다.

③ 짧은 수염
밑 부분에서 위로
접어올리며 들뜬 부분을
눌러접는다.

④ 다리
바깥쪽으로
뒤집어접기 한다(6개).

48

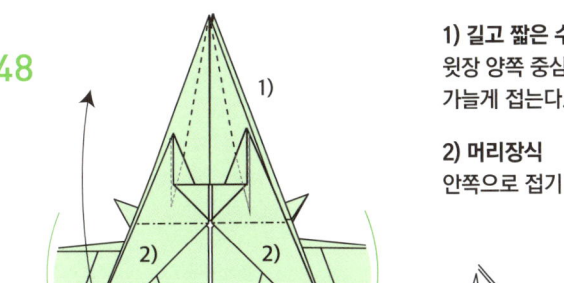

1) 길고 짧은 수염
윗장 양쪽 중심으로 모아 가늘게 접는다.

2) 머리장식
안쪽으로 접기 한다.

3) 꼬리
순서 47과 같은 방법으로 접는다.

4) 배
그림과 같이 ④를 만든다.
②, ③, ⑤를 겹치지 않게 비켜 놓아 ④의 길이를 만든다.
먼저 두 장 정도 빼내어 ⑤를 만든다.

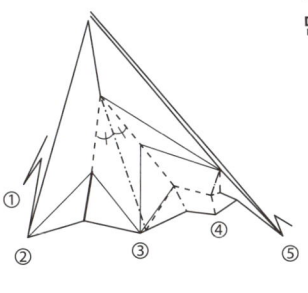

① **머리장식**
그림과 같이 세 곳을 당겨서 접는다.

② **배**
뒷다리에서 꼬리까지 양쪽 한 장씩 밖으로 뒤집어접기 한다.

③ **꼬리**
장식은 뒤집어접기 하여 가장자리가 색을 띠게 만든다. 끝 부분은 먼저 R을 가늘게 접고, 마지막에 화살표처럼 접어 모서리 끝이 아래를 향하도록 한다.

49

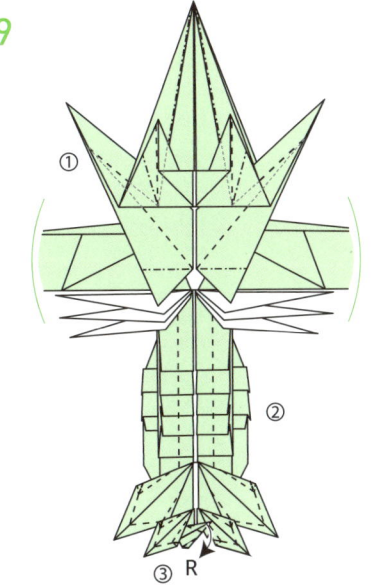

50

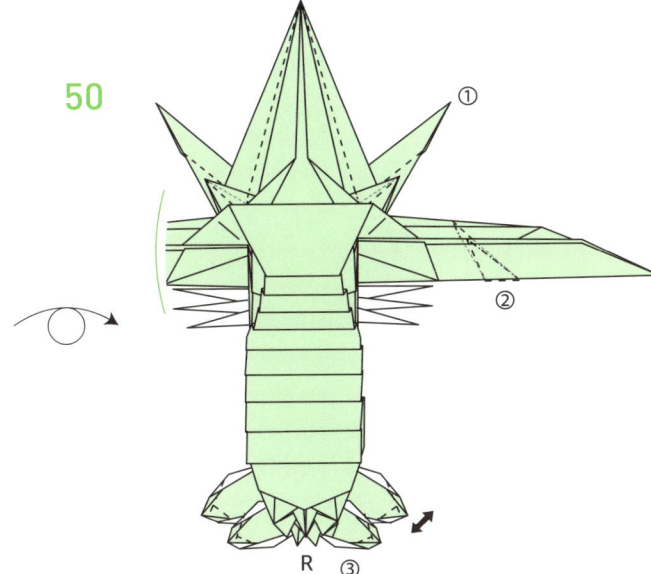

① **눈**
수염, 장식을 당겨접기 한다.
나머지 두 장의 주름도 접어넣어 가늘게 만든다.

② **집게**
밖으로 뒤집어접기를 두 번 한다.

③ **꼬리**
끝의 겹친 부분을 펴서 밖으로 뒤집어접기를 하고 나머지 가장자리를 만든다.

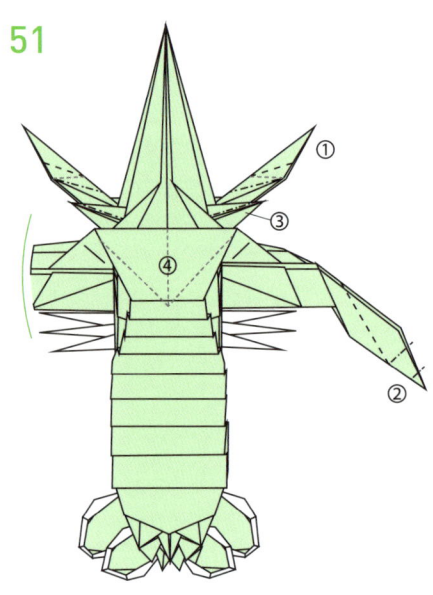

51

① **머리장식**
종이의 가장자리가
나오도록 안쪽으로
접기를 하고 나서
펼친다.

② **앞다리**
양쪽에서 가늘게 다듬고
들뜬 부분을 위로 접은 후
끝을 조금 둥글린다.

③ **눈**
튀어나온 부분을 집어
준다.

④ **전체**
안쪽으로 접기를 하여
입체감을 주고
등딱지는 들뜬 채 둔다.

① **머리장식**
꼬리와 마찬가지로
모양을 다듬고
앞으로 둥글린다.

② **앞다리**
밑부분을 잡고
다듬는다.

③ **눈**
모서리를 눌러
둥글게 만든다.

④ **등딱지**
계단접기를 하여
정리하고 튀어나온
부분은 접어넣는다.

⑤ **수염**
겹친 부분을 빼내어
가늘게 다듬는다.

⑥ **다리**
가늘게 다듬는다.

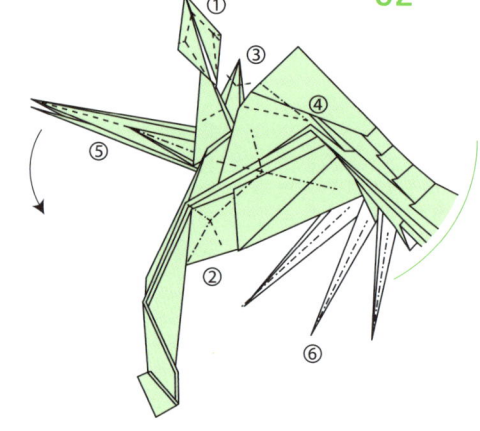

52

53

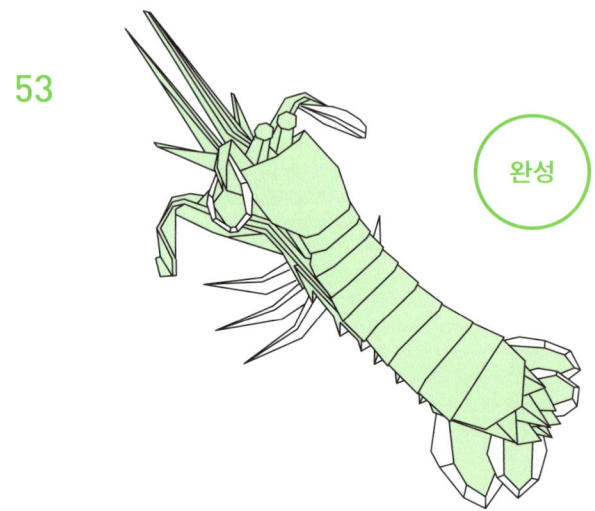

완성

부록

전개도 접기

125쪽 QR코드를 이용하면 접는 동영상을 볼 수 있다.

전개도의 기준선을 따라 접다 보면 '전개도 접기'에 능숙해진다.
PART 3과 같이 과정을 따라 접는 종이접기와
전개도만을 보고 접는 종이접기의 차이도 알 수 있다.
무엇보다 작품을 접었을 때의 기쁨이 매우 크다.
꼭 도전해 보자.

전개도만을 보고 접어 나가는
'전개도 접기'에 도전해 보자!

부록
전개도 접기

별

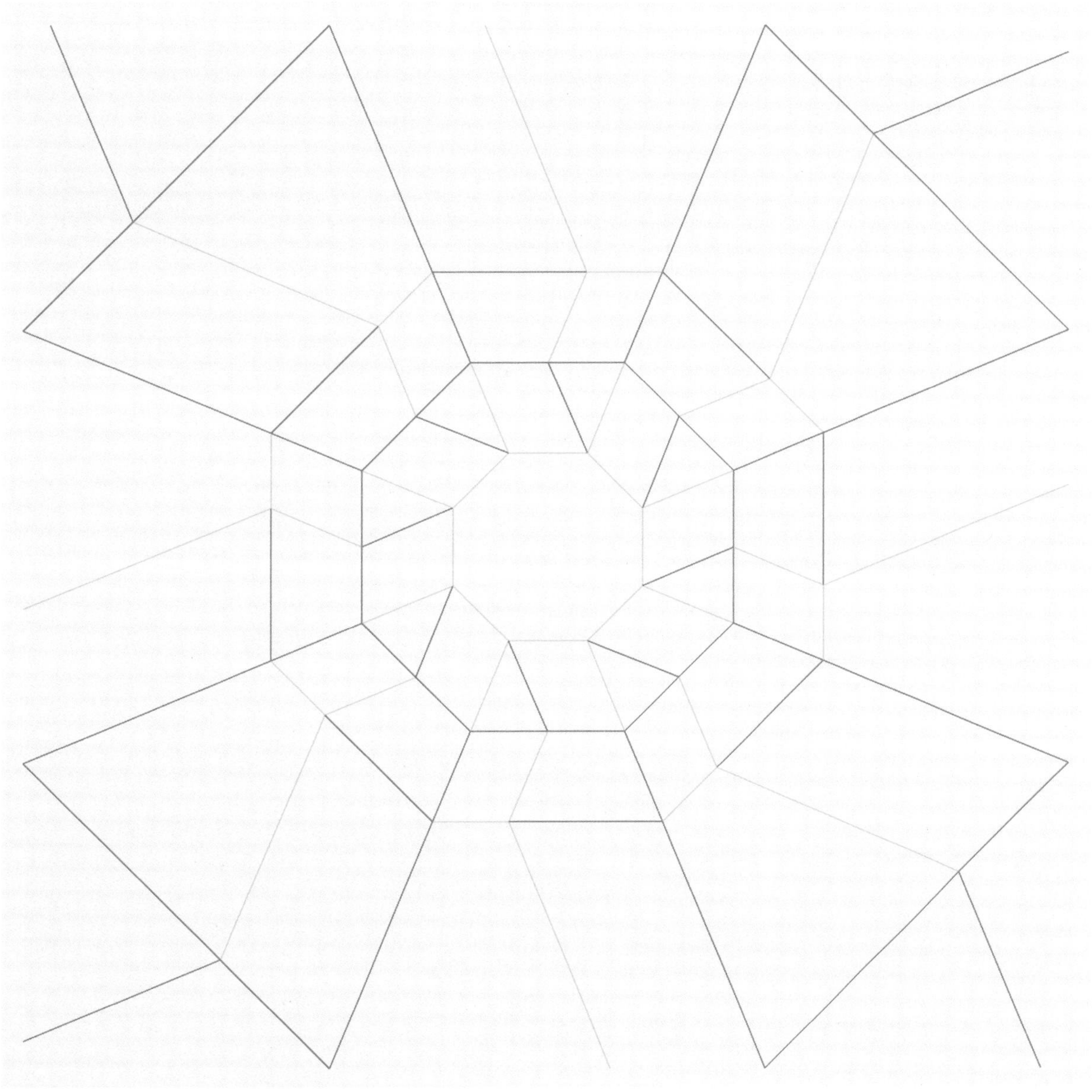

―――― 골짜기접기
―――― 산접기

참조 ▶ 18쪽 / 71쪽

**점선을 따라 잘라 사용하자.
작품에 적합한 종이보다 조금 두껍다.**

전개도만을 보고 접어 나가는
'전개도 접기'에 도전해 보자!

부록
전개도 접기

장미

——— 골짜기접기
——— 산접기

참조 ▶ 19쪽 / 77쪽

점선에 따라 잘라 사용하자.
작품에 적합한 종이보다 조금 두껍다.

전개도만을 보고 접어 나가는
'전개도 접기'에 도전해 보자!

부록
전개도 접기

목숨 수

———— 골짜기접기
———— 산접기

참조 ▶ 23쪽 / 87쪽

점선에 따라 잘라 사용하자.
작품에 적합한 종이보다 조금 두껍다.

전개도만을 보고 접어 나가는
'전개도 접기'에 도전해 보자!

모사사우루스

부록
전개도 접기

── 골짜기접기
── 산접기

참조 ▶ **26쪽 / 99쪽**

점선을 따라 잘라 사용하자.
작품에 적합한 종이보다 조금 두껍다.

전개도만을 보고 접어 나가는
'전개도 접기'에 도전해 보자!

부록
전개도 접기

전투기 2

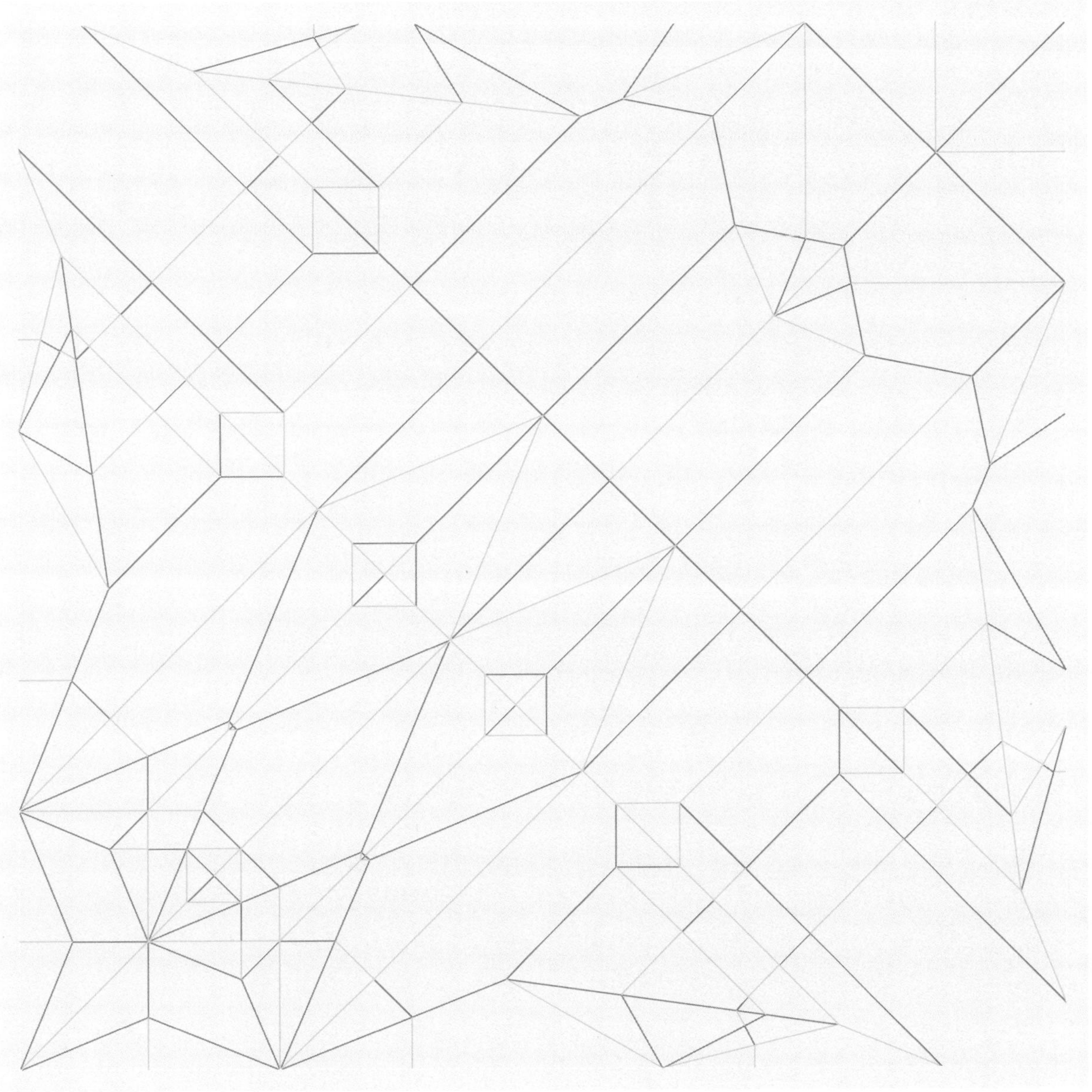

───── 골짜기접기
───── 산접기

참조 ▶ 25쪽
https://magazineworld.jp/
books/paper/3121/

점선을 따라 잘라 사용하자.
작품에 적합한 종이보다 조금 두껍다.

종이접기 모임 오리스트(Orist)

도쿄대학을 중심으로 2008년부터 활동하기 시작한 종이접기 모임. 현대 종이접기의 보급과 발전에 힘쓰고 '즐기는 종이접기'를 모토로 삼고 있다. 봄과 가을에 열리는 도쿄대학 축제 기간에 개최하는 전시회는 큰 인기를 모으고 있다. 많은 회원이 창작 활동을 하며 종이접기 발전에 기여하고 있다.

- http://orist.tiyogami.com
- https://twitter.com/orist_since2008
- https://www.instagram.com/orist.tiyogami/

가쓰카와 히가시

1998년생. 지바현 출신. 종이접기 경력 17년 정도. 도쿄대학 법학부 제1류. 일본의 무도인 다이도 운동부 소속. 졸업 후에는 재생 가능 에너지 회사에 취직 예정. 시작품이 형태를 갖추고 어엿한 소재로 보이게 되었을 때가 가장 기쁘다.

- https://twitter.com/h_east
- https://www.instagram.com/h____east/

곤도 야스타카

1999년생. 이바라키현 출신. 종이접기 경력 12년. 도쿄대학 교양학부 지역문화 연구분과 중남미과. 초등학생 시절에 종이접기를 접한 뒤 공백이 있었지만 고등학교에서 종이접기 전시회를 개최. 이후 종이접기의 세계를 알리는 활동에 흥미를 갖게 되 이 책에도 참여했다.

나가야마 류나

2000년생. 오카야마현 출신. 종이접기 경력 15년(창작은 2년 정도). 도쿄대학 이학부 물리학과. 물리는 여러 현상을 수식으로 해석하는 데 반해, 종이접기는 직감적으로 즐기며 창작할 수 있다. 지금은 눈앞에 쌓인 대량의 계산 용지를 어떻게든 작품으로 만들고 싶다는 생각을 갖고 있다.

마시코 료스케

2000년생. 종이접기 경력 16년. 도쿄대학 이과 제1류. 직감에 호소하는 작품을 만드는 것이 목표이며 앞으로도 종이를 통한 새로운 표현 가능성을 추구해 나가고 싶은 바람이 있다. 작품 〈태내불(胎内佛)〉로 제69회 '학생 아트 디자인전'에서 외무대신상을 수상했다.

사사단고

1997년생. 종이접기 경력은 10년 정도. 도쿄대학 공학부 건축학과 4학년. '종이접기 구조를 건축에 활용할 수 없을까?'라는 생각을 하며 건축 구조를 연구하고 있다. 종이접기는 휴식에 최적이다.

사토 아쓰야

1999년생. 아오모리현 출신. 종이접기 경력은 대학 입학 후 4년 정도. 도쿄대학에서 화학과 화학사를 연구하고 있다. 최근에는 종이접기의 보급 방법을 생각하면서 오리스트 회원으로서 할 수 있는 일들을 찾고 있다.

에노모토 마사요시

1997년생. 도쿄 출신. 종이접기 경력 4년(창작은 2년 반 정도). 무사시노 미술대학 예술문화학과(연합 동아리). 종이접기를 통한 조형 표현에 매료되어 오리스트에 소속. 대학에서는 학예사 공부와 함께 미술과 사회를 연결하는 법을 배우고 있다. 언젠가 개인전을 열기 위해 하루하루 연구를 게을리하지 않고 있다.

요코마에 슌야

1994년생. 나가노현 출신. 종이접기 경력은 20년. 고베대학 공학부 기계공학과 졸업 후 도쿄대학 대학원 공학계 연구과 정밀공학 전공. 어린 시절 텔레비전에서 본 종이접기에 흥미를 느꼈으며, 대학 시절에는 종이접기를 하는 로봇 연구에 참여했다. 현재는 대학원에서 X선 연구에 몰두하고 있다.

우에조노 다이치

1999년생. 아이치현 출신. 종이접기 경력 14년(창작은 8년 정도). 도쿄대학 이과 제1류. 최근에는 개별 종이접기 작품의 디자인, 예술적 측면 외에 일반적인 수학 관련 설계 이론에도 관심이 있다. 이과계 같아 보이지만, 문과로 바꾸어 인문계 연구를 하고 싶은 꿈을 지니고 있다.

이하라 아오이

헤이세이 출생. 종이접기 경력 다소 짧음. 도쿄대학 이과계 대학원생. 종이접기는 '제약이 있는 놀이'라는 점이 매우 재미있다. 복잡한 작품보다 간결한 작품이 의외로 창작하기에 어렵다고 느낀다.

도쿄대 수재들의 리얼 종이접기

1판 1쇄 발행 | 2021년 11월 24일
1판 6쇄 발행 | 2025년 11월 17일

지은이 | 오리스트
옮긴이 | 이진원
감수자 | 오경란

발행인 | 김기중
펴낸곳 | 도서출판 에밀
주소 | 서울시 영등포구 당산로 41길 11, E동 1410호(우. 07217)
전화 | 02-3141-8301
팩스 | 02-3141-8303
이메일 | info@theforestbook.co.kr
페이스북 | @forestbookwithu
인스타그램 | @theforest_book
출판등록 | 2012년 10월 10일 제2025-000115호

ISBN | 979-11-86706-12-1 (13630)

* 에밀은 도서출판 더숲의 실용지식 브랜드입니다.
* 이 책은 도서출판 에밀이 저작권자와의 계약에 따라 발행한 것이므로
  본사의 서면 허락 없이는 어떠한 형태나 수단으로도 이 책의 내용을 이용하지 못합니다.
* 잘못된 책은 구입하신 곳에서 바꾸어 드립니다.
* 책값은 뒤표지에 있습니다.
* 독자 여러분의 원고 투고를 기다리고 있습니다. 출판하고 싶은 원고가 있는 분은
  info@theforestbook.co.kr로 기획 의도와 간단한 개요를 적어 연락처와 함께 보내주시기 바랍니다.